EBRAICO
VOCABOLARIO

PER STUDIO AUTODIDATTICO

ITALIANO-
EBRAICO

Le parole più utili
Per ampliare il proprio lessico e affinare
le proprie abilità linguistiche

5000 parole

Vocabolario Italiano-Ebraico per studio autodidattico - 5000 parole

Di Andrey Taranov

I vocabolari T&P Books si propongono come strumento di aiuto per apprendere, memorizzare e revisionare l'uso di termini stranieri. Il dizionario si divide in vari argomenti che includono la maggior parte delle attività quotidiane, tra cui affari, scienza, cultura, ecc.

Il processo di apprendimento delle parole attraverso i dizionari divisi in liste tematiche della collana T&P Books offre i seguenti vantaggi:

- Le fonti d'informazione correttamente raggruppate garantiscono un buon risultato nella memorizzazione delle parole
- La possibilità di memorizzare gruppi di parole con la stessa radice (piuttosto che memorizzarle separatamente)
- Piccoli gruppi di parole facilitano il processo di apprendimento per associazione, utile al potenziamento lessicale
- Il livello di conoscenza della lingua può essere valutato attraverso il numero di parole apprese

Copyright © 2018 T&P Books Publishing

Tutti i diritti riservati. Nessuna parte del presente volume può essere riprodotta o trasmessa in qualsiasi forma o con qualsiasi mezzo elettronico, meccanico, fotocopie, registrazioni o riproduzioni senza l'autorizzazione scritta dell'editore.

T&P Books Publishing
www.tpbooks.com

ISBN: 978-1-78716-426-0

Questo libro è disponibile anche in formato e-book.
Visitate il sito www.tpbooks.com o le principali librerie online.

VOCABOLARIO EBRAICO
per studio autodidattico

I vocabolari T&P Books si propongono come strumento di aiuto per apprendere, memorizzare e revisionare l'uso di termini stranieri. Il vocabolario contiene oltre 5000 parole di uso comune ordinate per argomenti.

- Il vocabolario contiene le parole più comunemente usate
- È consigliato in aggiunta ad un corso di lingua
- Risponde alle esigenze degli studenti di lingue straniere sia essi principianti o di livello avanzato
- Pratico per un uso quotidiano, per gli esercizi di revisione e di autovalutazione
- Consente di valutare la conoscenza del proprio lessico

Caratteristiche specifiche del vocabolario:

- Le parole sono ordinate secondo il proprio significato e non alfabeticamente
- Le parole sono riportate in tre colonne diverse per facilitare il metodo di revisione e autovalutazione
- I gruppi di parole sono divisi in sottogruppi per facilitare il processo di apprendimento
- Il vocabolario offre una pratica e semplice trascrizione fonetica per ogni termine straniero

Il vocabolario contiene 155 argomenti tra cui:

Concetti di Base, Numeri, Colori, Mesi, Stagioni, Unità di Misura, Abbigliamento e Accessori, Cibo e Alimentazione, Ristorante, Membri della Famiglia, Parenti, Personalità, Sentimenti, Emozioni, Malattie, Città, Visita Turistica, Acquisti, Denaro, Casa, Ufficio, Lavoro d'Ufficio, Import-export, Marketing, Ricerca di un Lavoro, Sport, Istruzione, Computer, Internet, Utensili, Natura, Paesi, Nazionalità e altro ancora ...

INDICE

Guida alla pronuncia	9
Abbreviazioni	10

CONCETTI DI BASE	11
Concetti di base. Parte 1	11
1. Pronomi	11
2. Saluti. Convenevoli. Saluti di congedo	11
3. Come rivolgersi	12
4. Numeri cardinali. Parte 1	12
5. Numeri cardinali. Parte 2	13
6. Numeri ordinali	14
7. Numeri. Frazioni	14
8. Numeri. Operazioni aritmetiche di base	14
9. Numeri. Varie	15
10. I verbi più importanti. Parte 1	15
11. I verbi più importanti. Parte 2	16
12. I verbi più importanti. Parte 3	17
13. I verbi più importanti. Parte 4	18
14. Colori	19
15. Domande	19
16. Preposizioni	20
17. Parole grammaticali. Avverbi. Parte 1	20
18. Parole grammaticali. Avverbi. Parte 2	22

Concetti di base. Parte 2	24
19. Giorni della settimana	24
20. Ore. Giorno e notte	24
21. Mesi. Stagioni	25
22. Unità di misura	27
23. Contenitori	28

ESSERE UMANO	29
Essere umano. Il corpo umano	29
24. Testa	29
25. Corpo umano	30

Abbigliamento e Accessori	31
26. Indumenti. Soprabiti	31
27. Men's & women's clothing	31

28.	Abbigliamento. Biancheria intima	32
29.	Copricapo	32
30.	Calzature	32
31.	Accessori personali	33
32.	Abbigliamento. Varie	33
33.	Cura della persona. Cosmetici	34
34.	Orologi da polso. Orologio	35

Cibo. Alimentazione   36

35.	Cibo	36
36.	Bevande	37
37.	Verdure	38
38.	Frutta. Noci	39
39.	Pane. Dolci	40
40.	Pietanze cucinate	40
41.	Spezie	41
42.	Pasti	42
43.	Preparazione della tavola	43
44.	Ristorante	43

Famiglia, parenti e amici   44

45.	Informazioni personali. Moduli	44
46.	Membri della famiglia. Parenti	44

Medicinali   46

47.	Malattie	46
48.	Sintomi. Cure. Parte 1	47
49.	Sintomi. Cure. Parte 2	48
50.	Sintomi. Cure. Parte 3	49
51.	Medici	50
52.	Medicinali. Farmaci. Accessori	50

HABITAT UMANO   52
Città   52

53.	Città. Vita di città	52
54.	Servizi cittadini	53
55.	Cartelli	54
56.	Mezzi pubblici in città	55
57.	Visita turistica	56
58.	Acquisti	57
59.	Denaro	58
60.	Posta. Servizio postale	59

Abitazione. Casa   60

61.	Casa. Elettricità	60

62. Villa. Palazzo	60
63. Appartamento	60
64. Arredamento. Interno	61
65. Biancheria da letto	62
66. Cucina	62
67. Bagno	63
68. Elettrodomestici	64

ATTIVITÀ UMANA 65
Lavoro. Affari. Parte 1 65

69. Ufficio. Lavorare in ufficio	65
70. Operazioni d'affari. Parte 1	66
71. Operazioni d'affari. Parte 2	67
72. Attività produttiva. Lavori	68
73. Contratto. Accordo	69
74. Import-export	70
75. Mezzi finanziari	70
76. Marketing	71
77. Pubblicità	72
78. Attività bancaria	72
79. Telefono. Conversazione telefonica	73
80. Telefono cellulare	74
81. Articoli di cancelleria	74
82. Generi di attività commerciali	75

Lavoro. Affari. Parte 2 77

83. Spettacolo. Mostra	77
84. Scienza. Ricerca. Scienziati	78

Professioni e occupazioni 80

85. Ricerca di un lavoro. Licenziamento	80
86. Gente d'affari	80
87. Professioni amministrative	81
88. Professioni militari e gradi	82
89. Funzionari. Sacerdoti	83
90. Professioni agricole	83
91. Professioni artistiche	84
92. Professioni varie	84
93. Attività lavorative. Condizione sociale	86

Istruzione 87

94. Scuola	87
95. Istituto superiore. Università	88
96. Scienze. Discipline	89
97. Sistema di scrittura. Ortografia	89
98. Lingue straniere	90

Ristorante. Intrattenimento. Viaggi	92
99. Escursione. Viaggio	92
100. Hotel	92
ATTREZZATURA TECNICA. MEZZI DI TRASPORTO	**94**
Attrezzatura tecnica	**94**
101. Computer	94
102. Internet. Posta elettronica	95
103. Elettricità	96
104. Utensili	96
Mezzi di trasporto	**99**
105. Aeroplano	99
106. Treno	100
107. Nave	101
108. Aeroporto	102
Situazioni quotidiane	**104**
109. Vacanze. Evento	104
110. Funerali. Sepoltura	105
111. Guerra. Soldati	105
112. Guerra. Azioni militari. Parte 1	106
113. Guerra. Azioni militari. Parte 2	108
114. Armi	109
115. Gli antichi	111
116. Il Medio Evo	111
117. Leader. Capo. Le autorità	113
118. Infrangere la legge. Criminali. Parte 1	114
119. Infrangere la legge. Criminali. Parte 2	115
120. Polizia. Legge. Parte 1	116
121. Polizia. Legge. Parte 2	117
LA NATURA	**119**
La Terra. Parte 1	**119**
122. L'Universo	119
123. La Terra	120
124. Punti cardinali	121
125. Mare. Oceano	121
126. Nomi dei mari e degli oceani	122
127. Montagne	123
128. Nomi delle montagne	124
129. Fiumi	124
130. Nomi dei fiumi	125
131. Foresta	125
132. Risorse naturali	126

La Terra. Parte 2   128

133. Tempo   128
134. Rigide condizioni metereologiche. Disastri naturali   129

Fauna   130

135. Mammiferi. Predatori   130
136. Animali selvatici   130
137. Animali domestici   131
138. Uccelli   132
139. Pesci. Animali marini   134
140. Anfibi. Rettili   134
141. Insetti   135

Flora   136

142. Alberi   136
143. Arbusti   136
144. Frutti. Bacche   137
145. Fiori. Piante   138
146. Cereali, granaglie   139

PAESI. NAZIONALITÀ   140

147. Europa occidentale   140
148. Europa centrale e orientale   140
149. Paesi dell'ex Unione Sovietica   141
150. Asia   141
151. America del Nord   142
152. America centrale e America del Sud   142
153. Africa   142
154. Australia. Oceania   143
155. Città   143

GUIDA ALLA PRONUNCIA

Nome della lettera	Lettera	Esempio ebraico	Alfabeto fonetico T&P	Esempio italiano
Alef	א	אריה	[ɑ], [ɑː]	fare
	א	אחד	[ɛ], [ɛː]	bestia
	א	מָאָה	['] (hamza)	occlusiva glottidale sorda
Bet	ב	בית	[b]	bianco
Ghimel	ג	גמל	[g]	guerriero
Ghimel+geresh	ג'	ג'ונגל	[dʒ]	piangere
Dalet	ד	דג	[d]	doccia
Hej	ה	הר	[h]	[h] aspirate
Waw	ו	וסת	[v]	volare
Zajin	ז	זאב	[z]	rosa
Zajin+geresh	ז'	ז'ורנל	[ʒ]	beige
Chet	ח	חוט	[x]	[h] dolce
Tet	ט	טוב	[t]	tattica
Jod	י	יום	[j]	New York
Kaf	ך כ	בריש	[k]	cometa
Lamed	ל	לחם	[l]	saluto
Mem	ם מ	מלך	[m]	mostra
Nun	ן נ	נר	[n]	notte
Samech	ס	סוס	[s]	sapere
Ajin	ע	עין	[ɑ], [ɑː]	fare
	ע	תְשָׁעִים	['] (ayn)	fricativa faringale sonora
Pe	ף פ	פיל	[p]	pieno
Tzadi	ץ צ	צעצוע	[ts]	calzini
Tzadi+geresh	צ'י'צ'	צ'ק	[tʃ]	cinque
Kof	ק	קוף	[k]	cometa
Reš	ר	רכבת	[r]	[R] vibrante
Sin	ש	שלחן, עָשְׂרִים	[s], [ʃ]	sapere, ruscello
Tav	ת	תפוז	[t]	tattica

ABBREVIAZIONI usate nel vocabolario

Italiano. Abbreviazioni

agg	- aggettivo
anim.	- animato
avv	- avverbio
cong	- congiunzione
ecc.	- eccetera
f	- sostantivo femminile
f pl	- femminile plurale
fem.	- femminile
form.	- formale
inanim.	- inanimato
inform.	- familiare
m	- sostantivo maschile
m pl	- maschile plurale
m, f	- maschile, femminile
masc.	- maschile
mil.	- militare
pl	- plurale
pron	- pronome
qc	- qualcosa
qn	- qualcuno
sing.	- singolare
v aus	- verbo ausiliare
vi	- verbo intransitivo
vi, vt	- verbo intransitivo, transitivo
vr	- verbo riflessivo
vt	- verbo transitivo

Ebraico. Abbreviazioni

ז	- maschile
ז"ר	- maschile plurale
ז, נ	- maschile, femminile
נ	- femminile
נ"ר	- femminile plurale

CONCETTI DI BASE

Concetti di base. Parte 1

1. Pronomi

io	ani	אֲנִי (ז, נ)
tu (masc.)	ata	אַתָּה (ז)
tu (fem.)	at	אַתְּ (נ)
lui	hu	הוּא (ז)
lei	hi	הִיא (נ)
noi	a'naxnu	אֲנַחְנוּ (ז, נ)
voi (masc.)	atem	אַתֶּם (ז"ר)
voi (fem.)	aten	אַתֶּן (נ"ר)
Lei	ata, at	אַתָּה (ז), אַתְּ (נ)
Voi	atem, aten	אַתֶּם (ז"ר), אַתֶּן (נ"ר)
loro	hem, hen	הֵם (ז"ר), הֵן (נ"ר)
loro (masc.)	hem	הֵם (ז"ר)
loro (fem.)	hen	הֵן (נ"ר)

2. Saluti. Convenevoli. Saluti di congedo

Salve!	ʃalom!	שָׁלוֹם!
Buongiorno!	ʃalom!	שָׁלוֹם!
Buongiorno! (la mattina)	'boker tov!	בּוֹקֶר טוֹב!
Buon pomeriggio!	tsaha'rayim tovim!	צָהֳרַיִים טוֹבִים!
Buonasera!	'erev tov!	עֶרֶב טוֹב!
salutare (vt)	lomar ʃalom	לוֹמַר שָׁלוֹם
Ciao! Salve!	hai!	הַיי!
saluto (m)	ahlan	אַהְלָן
Come sta? Come stai?	ma ʃlomxa?	מַה שְׁלוֹמְךָ? (ז)
Come sta?	ma ʃlomex?, ma ʃlomxa?	מַה שְׁלוֹמֵךְ? (נ), מַה שְׁלוֹמְךָ? (ז)
Come stai?	ma niʃma?	מַה נִשְׁמָע?
Che c'è di nuovo?	ma xadaʃ?	מַה חָדָשׁ?
Arrivederci!	lehitra'ot!	לְהִתְרָאוֹת!
Ciao!	bai!	בַּיי!
A presto!	lehitra'ot bekarov!	לְהִתְרָאוֹת בְּקָרוֹב!
Addio!	lehitra'ot!	לְהִתְרָאוֹת!
congedarsi (vr)	lomar lehitra'ot	לוֹמַר לְהִתְרָאוֹת
Ciao! (A presto!)	bai!	בַּיי!
Grazie!	toda!	תּוֹדָה!
Grazie mille!	toda raba!	תּוֹדָה רַבָּה!

Italiano	Traslitterazione	Ebraico
Prego	bevakaʃa	בְּבַקָשָׁה
Non c'è di che!	al lo davar	עַל לֹא דָבָר
Di niente	ein be'ad ma	אֵין בְּעַד מָה
Scusa!	sliχa!	סְלִיחָה!
Scusi!	sliχa!	סְלִיחָה!
scusare (vt)	lis'loaχ	לִסְלוֹחַ
scusarsi (vr)	lehitnatsel	לְהִתְנַצֵל
Chiedo scusa	ani mitnatsel, ani mitna'tselet	אֲנִי מִתְנַצֵל (ז), אֲנִי מִתְנַצֶלֶת (נ)
Mi perdoni!	ani mitsta'er, ani mitsta''eret	אֲנִי מִצְטַעֵר (ז), אֲנִי מִצְטַעֶרֶת (נ)
perdonare (vt)	lis'loaχ	לִסְלוֹחַ
Non fa niente	lo nora	לֹא נוֹרָא
per favore	bevakaʃa	בְּבַקָשָׁה
Non dimentichi!	al tiʃkaχ!	אַל תִשְׁכַּח! (ז)
Certamente!	'betaχ!	בָּטַח!
Certamente no!	'betaχ ʃelo!	בָּטוּחַ שֶׁלֹא!
D'accordo!	okei!	אוֹקֵיי!
Basta!	maspik!	מַסְפִּיק!

3. Come rivolgersi

Italiano	Traslitterazione	Ebraico
Mi scusi!	sliχa!	סְלִיחָה!
signore	adon	אָדוֹן
signora	gvirti	גְבִרְתִי
signorina	'gveret	גְבֶרֶת
signore	baχur tsa'ir	בָּחוּר צָעִיר
ragazzo	'yeled	יֶלֶד
ragazza	yalda	יַלְדָה

4. Numeri cardinali. Parte 1

Italiano	Traslitterazione	Ebraico
zero (m)	'efes	אֶפֶס (ז)
uno	eχad	אֶחָד (ז)
una	aχat	אַחַת (נ)
due	'ʃtayim	שְׁתַיִים (נ)
tre	ʃaloʃ	שָׁלוֹש (נ)
quattro	arba	אַרְבַּע (נ)
cinque	χameʃ	חָמֵש (נ)
sei	ʃeʃ	שֵׁש (נ)
sette	'ʃeva	שֶׁבַע (נ)
otto	'ʃmone	שְׁמוֹנֶה (נ)
nove	'teʃa	תֵשַׁע (נ)
dieci	'eser	עֶשֶׂר (נ)
undici	aχat esre	אַחַת־עֶשְׂרֵה (נ)
dodici	ʃteim esre	שְׁתֵים־עֶשְׂרֵה (נ)
tredici	ʃloʃ esre	שְׁלוֹש־עֶשְׂרֵה (נ)
quattordici	arba esre	אַרְבַּע־עֶשְׂרֵה (נ)
quindici	χameʃ esre	חָמֵש־עֶשְׂרֵה (נ)

sedici	ʃeʃ esre	שֵׁשׁ־עֶשְׂרֵה (נ)
diciassette	ʃva esre	שְׁבַע־עֶשְׂרֵה (נ)
diciotto	ʃmone esre	שְׁמוֹנֶה־עֶשְׂרֵה (נ)
diciannove	tʃa esre	תְּשַׁע־עֶשְׂרֵה (נ)
venti	esrim	עֶשְׂרִים
ventuno	esrim ve'eχad	עֶשְׂרִים וְאֶחָד
ventidue	esrim u'ʃnayim	עֶשְׂרִים וּשְׁנַיִים
ventitre	esrim uʃloʃa	עֶשְׂרִים וּשְׁלוֹשָׁה
trenta	ʃloʃim	שְׁלוֹשִׁים
trentuno	ʃloʃim ve'eχad	שְׁלוֹשִׁים וְאֶחָד
trentadue	ʃloʃim u'ʃnayim	שְׁלוֹשִׁים וּשְׁנַיִים
trentatre	ʃloʃim uʃloʃa	שְׁלוֹשִׁים וּשְׁלוֹשָׁה
quaranta	arba'im	אַרְבָּעִים
quarantuno	arba'im ve'eχad	אַרְבָּעִים וְאֶחָד
quarantadue	arba'im u'ʃnayim	אַרְבָּעִים וּשְׁנַיִים
quarantatre	arba'im uʃloʃa	אַרְבָּעִים וּשְׁלוֹשָׁה
cinquanta	χamiʃim	חֲמִישִׁים
cinquantuno	χamiʃim ve'eχad	חֲמִישִׁים וְאֶחָד
cinquantadue	χamiʃim u'ʃnayim	חֲמִישִׁים וּשְׁנַיִים
cinquantatre	χamiʃim uʃloʃa	חֲמִישִׁים וּשְׁלוֹשָׁה
sessanta	ʃiʃim	שִׁישִׁים
sessantuno	ʃiʃim ve'eχad	שִׁישִׁים וְאֶחָד
sessantadue	ʃiʃim u'ʃnayim	שִׁישִׁים וּשְׁנַיִים
sessantatre	ʃiʃim uʃloʃa	שִׁישִׁים וּשְׁלוֹשָׁה
settanta	ʃiv'im	שִׁבְעִים
settantuno	ʃiv'im ve'eχad	שִׁבְעִים וְאֶחָד
settantadue	ʃiv'im u'ʃnayim	שִׁבְעִים וּשְׁנַיִים
settantatre	ʃiv'im uʃloʃa	שִׁבְעִים וּשְׁלוֹשָׁה
ottanta	ʃmonim	שְׁמוֹנִים
ottantuno	ʃmonim ve'eχad	שְׁמוֹנִים וְאֶחָד
ottantadue	ʃmonim u'ʃnayim	שְׁמוֹנִים וּשְׁנַיִים
ottantatre	ʃmonim uʃloʃa	שְׁמוֹנִים וּשְׁלוֹשָׁה
novanta	tiʃim	תִּשְׁעִים
novantuno	tiʃim ve'eχad	תִּשְׁעִים וְאֶחָד
novantadue	tiʃim u'ʃayim	תִּשְׁעִים וּשְׁנַיִים
novantatre	tiʃim uʃloʃa	תִּשְׁעִים וּשְׁלוֹשָׁה

5. Numeri cardinali. Parte 2

cento	'me'a	מֵאָה (נ)
duecento	ma'tayim	מָאתַיִים
trecento	ʃloʃ me'ot	שְׁלוֹשׁ מֵאוֹת (נ)
quattrocento	arba me'ot	אַרְבַּע מֵאוֹת (נ)
cinquecento	χameʃ me'ot	חָמֵשׁ מֵאוֹת (נ)
seicento	ʃeʃ me'ot	שֵׁשׁ מֵאוֹת (נ)
settecento	ʃva me'ot	שְׁבַע מֵאוֹת (נ)

ottocento	ʃmone me'ot	שְׁמוֹנֶה מֵאוֹת (נ)
novecento	tʃa me'ot	תֵּשַׁע מֵאוֹת (נ)
mille	'elef	אֶלֶף (ז)
duemila	al'payim	אַלְפַּיִם (ז)
tremila	'ʃloʃet alafim	שְׁלוֹשֶׁת אֲלָפִים (ז)
diecimila	a'seret alafim	עֲשֶׂרֶת אֲלָפִים (ז)
centomila	'me'a 'elef	מֵאָה אֶלֶף (ז)
milione (m)	milyon	מִילְיוֹן (ז)
miliardo (m)	milyard	מִילְיַארְד (ז)

6. Numeri ordinali

primo	riʃon	רִאשׁוֹן
secondo	ʃeni	שֵׁנִי
terzo	ʃliʃi	שְׁלִישִׁי
quarto	revi'i	רְבִיעִי
quinto	χamiʃi	חֲמִישִׁי
sesto	ʃiʃi	שִׁישִׁי
settimo	ʃvi'i	שְׁבִיעִי
ottavo	ʃmini	שְׁמִינִי
nono	tʃi'i	תְּשִׁיעִי
decimo	asiri	עֲשִׂירִי

7. Numeri. Frazioni

frazione (f)	'ʃever	שֶׁבֶר (ז)
un mezzo	'χetsi	חֲצִי (ז)
un terzo	ʃliʃ	שְׁלִישׁ (ז)
un quarto	'reva	רֶבַע (ז)
un ottavo	ʃminit	שְׁמִינִית (נ)
un decimo	asirit	עֲשִׂירִית (נ)
due terzi	ʃnei ʃliʃim	שְׁנֵי שְׁלִישִׁים (ז)
tre quarti	'ʃloʃet riv'ei	שְׁלוֹשֶׁת רְבָעֵי

8. Numeri. Operazioni aritmetiche di base

sottrazione (f)	χisur	חִיסוּר (ז)
sottrarre (vt)	leχaser	לְחַסֵּר
divisione (f)	χiluk	חִילוּק (ז)
dividere (vt)	leχalek	לְחַלֵּק
addizione (f)	χibur	חִיבּוּר (ז)
addizionare (vt)	leχaber	לְחַבֵּר
aggiungere (vt)	leχaber	לְחַבֵּר
moltiplicazione (f)	'kefel	כֶּפֶל (ז)
moltiplicare (vt)	lehaχpil	לְהַכְפִּיל

9. Numeri. Varie

cifra (f)	sifra	סִפְרָה (נ)
numero (m)	mispar	מִסְפָּר (ז)
numerale (m)	ʃem mispar	שֵׁם מִסְפָּר (ז)
meno (m)	'minus	מִינוּס (ז)
più (m)	plus	פְּלוּס (ז)
formula (f)	nusxa	נוּסְחָה (נ)
calcolo (m)	xiʃuv	חִישׁוּב (ז)
contare (vt)	lispor	לִסְפּוֹר
calcolare (vt)	lexaʃev	לְחַשֵּׁב
comparare (vt)	lehaʃvot	לְהַשְׁווֹת
Quanto? Quanti?	'kama?	כַּמָה?
somma (f)	sxum	סְכוּם (ז)
risultato (m)	totsa'a	תּוֹצָאָה (נ)
resto (m)	ʃe'erit	שְׁאֵרִית (נ)
qualche ...	'kama	כַּמָה
un po' di ...	ktsat	קְצָת
alcuni, pochi (non molti)	me'at	מְעַט
poco (non molto)	me'at	מְעַט
resto (m)	ʃe'ar	שְׁאָר (ז)
uno e mezzo	exad va'xetsi	אֶחָד וָחֵצִי (ז)
dozzina (f)	tresar	תְּרֵיסָר (ז)
in due	'xetsi 'xetsi	חֲצִי חֲצִי
in parti uguali	ʃave beʃave	שָׁוֶה בְּשָׁוֶה
metà (f), mezzo (m)	'xetsi	חֲצִי (ז)
volta (f)	'pa'am	פַּעַם (נ)

10. I verbi più importanti. Parte 1

accorgersi (vr)	lasim lev	לָשִׂים לֵב
afferrare (vt)	litfos	לִתְפּוֹס
affittare (dare in affitto)	liskor	לִשְׂכּוֹר
aiutare (vt)	la'azor	לַעֲזוֹר
amare (qn)	le'ehov	לֶאֱהוֹב
andare (camminare)	la'lexet	לָלֶכֶת
annotare (vt)	lirʃom	לִרְשׁוֹם
appartenere (vi)	lehiʃtayex	לְהִשְׁתַּיֵיךְ
aprire (vt)	liftoax	לִפְתּוֹחַ
arrivare (vi)	leha'gi'a	לְהַגִּיעַ
aspettare (vt)	lehamtin	לְהַמְתִּין
avere (vt)	lehaxzik	לְהַחֲזִיק
avere fame	lihyot ra'ev	לִהְיוֹת רָעֵב
avere fretta	lemaher	לְמַהֵר
avere paura	lefaxed	לְפַחֵד
avere sete	lihyot tsame	לִהְיוֹת צָמֵא

avvertire (vt)	lehazhir	לְהַזְהִיר
cacciare (vt)	latsud	לָצוּד
cadere (vi)	lipol	לִיפּוֹל

cambiare (vt)	leʃanot	לְשָׁנוֹת
capire (vt)	lehavin	לְהָבִין
cenare (vi)	le'eχol aruχat 'erev	לָאֱכוֹל אֲרוּחַת עֶרֶב
cercare (vt)	leχapes	לְחַפֵּשׂ
cessare (vt)	lehafsik	לְהַפְסִיק
chiedere (~ aiuto)	likro	לִקְרוֹא

chiedere (domandare)	liʃol	לִשְׁאוֹל
cominciare (vt)	lehatχil	לְהַתְחִיל
comparare (vt)	lehaʃvot	לְהַשְׁווֹת
confondere (vt)	lehitbalbel	לְהִתְבַּלְבֵּל
conoscere (qn)	lehakir et	לְהַכִּיר אֶת

conservare (vt)	liʃmor	לִשְׁמוֹר
consigliare (vt)	leya'ets	לְיַיעֵץ
contare (calcolare)	lispor	לִסְפּוֹר
contare su ...	lismoχ al	לִסְמוֹךְ עַל
continuare (vt)	lehamʃiχ	לְהַמְשִׁיךְ

controllare (vt)	liʃlot	לִשְׁלוֹט
correre (vi)	laruts	לָרוּץ
costare (vt)	la'alot	לַעֲלוֹת
creare (vt)	litsor	לִיצוֹר
cucinare (vi)	levaʃel	לְבַשֵּׁל

11. I verbi più importanti. Parte 2

dare (vt)	latet	לָתֵת
dare un suggerimento	lirmoz	לִרְמוֹז
decorare (adornare)	lekaʃet	לְקַשֵּׁט
difendere (~ un paese)	lehagen	לְהָגֵן
dimenticare (vt)	liʃ'koaχ	לִשְׁכּוֹחַ

dire (~ la verità)	lomar	לוֹמַר
dirigere (compagnia, ecc.)	lenahel	לְנַהֵל
discutere (vt)	ladun	לָדוּן
domandare (vt)	levakeʃ	לְבַקֵּשׁ
dubitare (vi)	lefakpek	לְפַקְפֵּק

entrare (vi)	lehikanes	לְהִיכָּנֵס
esigere (vt)	lidroʃ	לִדְרוֹשׁ
esistere (vi)	lehitkayem	לְהִתְקַיֵּים

essere (vi)	lihyot	לִהְיוֹת
essere d'accordo	lehaskim	לְהַסְכִּים
fare (vt)	la'asot	לַעֲשׂוֹת
fare colazione	le'eχol aruχat 'boker	לָאֱכוֹל אֲרוּחַת בּוֹקֶר

| fare il bagno | lehitraχets | לְהִתְרַחֵץ |
| fermarsi (vr) | la'atsor | לַעֲצוֹר |

fidarsi (vr)	liv'toax	לִבְטוֹחַ
finire (vt)	lesayem	לְסַיֵּים
firmare (~ un documento)	laxtom	לַחְתּוֹם
giocare (vi)	lesaxek	לְשַׂחֵק
girare (~ a destra)	lifnot	לִפְנוֹת
gridare (vi)	lits'ok	לִצְעוֹק
indovinare (vt)	lenaxef	לְנַחֵשׁ
informare (vt)	leho'dia	לְהוֹדִיעַ
ingannare (vt)	leramot	לְרַמּוֹת
insistere (vi)	lehit'akef	לְהִתְעַקֵּשׁ
insultare (vt)	leha'aliv	לְהַעֲלִיב
interessarsi di …	lehit'anyen be…	לְהִתְעַנְיֵין בְּ…
invitare (vt)	lehazmin	לְהַזְמִין
lamentarsi (vr)	lehitlonen	לְהִתְלוֹנֵן
lasciar cadere	lehapil	לְהַפִּיל
lavorare (vi)	la'avod	לַעֲבוֹד
leggere (vi, vt)	likro	לִקְרוֹא
liberare (vt)	lefaxrer	לְשַׁחְרֵר

12. I verbi più importanti. Parte 3

mancare le lezioni	lehaxsir	לְהַחְסִיר
mandare (vt)	lif'loax	לִשְׁלוֹחַ
menzionare (vt)	lehazkir	לְהַזְכִּיר
minacciare (vt)	le'ayem	לְאַיֵּים
mostrare (vt)	lehar'ot	לְהַרְאוֹת
nascondere (vt)	lehastir	לְהַסְתִּיר
nuotare (vi)	lisxot	לִשְׂחוֹת
obiettare (vt)	lehitnaged	לְהִתְנַגֵּד
occorrere (vimp)	lehidaref	לְהִידָרֵשׁ
ordinare (~ il pranzo)	lehazmin	לְהַזְמִין
ordinare (mil.)	lifkod	לִפְקוֹד
osservare (vt)	litspot, lehafkif	לִצְפּוֹת, לְהַשְׁקִיף
pagare (vi, vt)	lefalem	לְשַׁלֵּם
parlare (vi, vt)	ledaber	לְדַבֵּר
partecipare (vi)	lehiftatef	לְהִשְׁתַּתֵּף
pensare (vi, vt)	laxfov	לַחְשׁוֹב
perdonare (vt)	lis'loax	לִסְלוֹחַ
permettere (vt)	leharfot	לְהַרְשׁוֹת
piacere (vi)	limtso xen be'ei'nayim	לִמְצוֹא חֵן בְּעֵינַיִים
piangere (vi)	livkot	לִבְכּוֹת
pianificare (vt)	letaxnen	לְתַכְנֵן
possedere (vt)	lihyot 'ba'al fel	לִהְיוֹת בַּעַל שֶׁל
potere (v aus)	yaxol	יָכוֹל
pranzare (vi)	le'exol aruxat tsaha'rayim	לֶאֱכוֹל אֲרוּחַת צָהֳרַיִים
preferire (vt)	leha'adif	לְהַעֲדִיף
pregare (vi, vt)	lehitpalel	לְהִתְפַּלֵּל

prendere (vt)	la'kaxat	לָקַחַת
prevedere (vt)	laxazot	לַחֲזוֹת
promettere (vt)	lehav'tiax	לְהַבְטִיחַ
pronunciare (vt)	levate	לְבַטֵּא
proporre (vt)	leha'tsi'a	לְהַצִּיעַ
punire (vt)	leha'aniʃ	לְהַעֲנִישׁ
raccomandare (vt)	lehamlits	לְהַמְלִיץ
ridere (vi)	litsxok	לִצְחוֹק
rifiutarsi (vr)	lesarev	לְסָרֵב
rincrescere (vi)	lehitsta'er	לְהִצְטַעֵר
ripetere (ridire)	laxazor al	לַחֲזוֹר עַל
riservare (vt)	lehazmin meroʃ	לְהַזְמִין מֵרֹאשׁ
rispondere (vi, vt)	la'anot	לַעֲנוֹת
rompere (spaccare)	liʃbor	לִשְׁבּוֹר
rubare (~ i soldi)	lignov	לִגְנוֹב

13. I verbi più importanti. Parte 4

salvare (~ la vita a qn)	lehatsil	לְהַצִּיל
sapere (vt)	la'da'at	לָדַעַת
sbagliare (vi)	lit'ot	לִטְעוֹת
scavare (vt)	laxpor	לַחְפּוֹר
scegliere (vt)	livxor	לִבְחוֹר
scendere (vi)	la'redet	לָרֶדֶת
scherzare (vi)	lehitba'deax	לְהִתְבַּדַּח
scrivere (vt)	lixtov	לִכְתּוֹב
scusare (vt)	lis'loax	לִסְלוֹחַ
scusarsi (vr)	lehitnatsel	לְהִתְנַצֵּל
sedersi (vr)	lehityaʃev	לְהִתְיַישֵׁב
seguire (vt)	la'akov axarei	לַעֲקוֹב אַחֲרֵי
sgridare (vt)	linzof	לִנְזוֹף
significare (vt)	lomar	לוֹמַר
sorridere (vi)	lexayex	לְחַיֵּיךְ
sottovalutare (vt)	leham'it be"erex	לְהַמְעִיט בְּעֶרֶךְ
sparare (vi)	lirot	לִירוֹת
sperare (vi, vt)	lekavot	לְקַוּוֹת
spiegare (vt)	lehasbir	לְהַסְבִּיר
studiare (vt)	lilmod	לִלְמוֹד
stupirsi (vr)	lehitpale	לְהִתְפַּלֵּא
tacere (vi)	liʃtok	לִשְׁתּוֹק
tentare (vt)	lenasot	לְנַסּוֹת
toccare (~ con le mani)	la'ga'at	לָגַעַת
tradurre (vt)	letargem	לְתַרְגֵּם
trovare (vt)	limtso	לִמְצוֹא
uccidere (vt)	laharog	לַהֲרוֹג
udire (percepire suoni)	liʃ'mo'a	לִשְׁמוֹעַ
unire (vt)	le'axed	לְאַחֵד

uscire (vi)	latset	לָצֵאת
vantarsi (vr)	lehitravrev	לְהִתְרַבְרֵב
vedere (vt)	lir'ot	לִרְאוֹת
vendere (vt)	limkor	לִמְכּוֹר
volare (vi)	la'uf	לָעוּף
volere (desiderare)	lirtsot	לִרְצוֹת

14. Colori

colore (m)	'tseva	צֶבַע (ז)
sfumatura (f)	gavan	גָוָון (ז)
tono (m)	gavan	גָוָון (ז)
arcobaleno (m)	'keʃet	קֶשֶׁת (נ)
bianco (agg)	lavan	לָבָן
nero (agg)	ʃaxor	שָׁחוֹר
grigio (agg)	afor	אָפוֹר
verde (agg)	yarok	יָרוֹק
giallo (agg)	tsahov	צָהוֹב
rosso (agg)	adom	אָדוֹם
blu (agg)	kaxol	כָּחוֹל
azzurro (agg)	taxol	תָּכוֹל
rosa (agg)	varod	וָרוֹד
arancione (agg)	katom	כָּתוֹם
violetto (agg)	segol	סָגוֹל
marrone (agg)	xum	חוּם
d'oro (agg)	zahov	זָהוֹב
argenteo (agg)	kasuf	כָּסוּף
beige (agg)	beʒ	בֶּז'
color crema (agg)	be'tseva krem	בְּצֶבַע קְרֶם
turchese (agg)	turkiz	טוּרְקִיז
rosso ciliegia (agg)	bordo	בּוֹרְדוֹ
lilla (agg)	segol	סָגוֹל
rosso lampone (agg)	patol	פָּטוֹל
chiaro (agg)	bahir	בָּהִיר
scuro (agg)	kehe	כֵּהֶה
vivo, vivido (agg)	bohek	בּוֹהֵק
colorato (agg)	tsiv'oni	צִבְעוֹנִי
a colori	tsiv'oni	צִבְעוֹנִי
bianco e nero (agg)	ʃaxor lavan	שָׁחוֹר-לָבָן
in tinta unita	xad tsiv'i	חַד-צִבְעִי
multicolore (agg)	sasgoni	סַסְגוֹנִי

15. Domande

Chi?	mi?	מִי?
Che cosa?	ma?	מָה?

Dove? (in che luogo?)	'eifo?	אֵיפֹה?
Dove? (~ vai?)	le'an?	לְאָן?
Di dove?, Da dove?	me"eifo?	מֵאֵיפֹה?
Quando?	matai?	מָתַי?
Perché? (per quale scopo?)	'lama?	לָמָה?
Perché? (per quale ragione?)	ma'du'a?	מַדוּעַ?
Per che cosa?	biʃvil ma?	בִּשְׁבִיל מָה?
Come?	eix, keitsad?	כֵּיצַד? אֵיךְ?
Che? (~ colore è?)	'eize?	אֵיזֶה?
Quale?	'eize?	אֵיזֶה?
A chi?	lemi?	לְמִי?
Di chi?	al mi?	עַל מִי?
Di che cosa?	al ma?	עַל מָה?
Con chi?	im mi?	עִם מִי?
Quanti?, Quanto?	'kama?	כַּמָה?
Di chi?	ʃel mi?	שֶׁל מִי?

16. Preposizioni

con (tè ~ il latte)	im	עִם
senza	bli, lelo	בְּלִי, לְלֹא
a (andare ~ ...)	le...	לְ...
di (parlare ~ ...)	al	עַל
prima di ...	lifnei	לִפְנֵי
di fronte a ...	lifnei	לִפְנֵי
sotto (avv)	mi'taxat le...	מִתַחַת לְ...
sopra (al di ~)	me'al	מֵעַל
su (sul tavolo, ecc.)	al	עַל
da, di (via da ..., fuori di ...)	mi, me	מְ, מִ
di (fatto ~ cartone)	mi, me	מְ, מִ
fra (~ dieci minuti)	tox	תוֹךְ
attraverso (dall'altra parte)	'derex	דֶרֶךְ

17. Parole grammaticali. Avverbi. Parte 1

Dove?	'eifo?	אֵיפֹה?
qui (in questo luogo)	po, kan	פֹּה, כָּאן
lì (in quel luogo)	ʃam	שָׁם
da qualche parte (essere ~)	'eifo ʃehu	אֵיפֹה שֶׁהוּא
da nessuna parte	beʃum makom	בְּשׁוּם מָקוֹם
vicino a ...	leyad ...	לְיַד ...
vicino alla finestra	leyad haxalon	לְיַד הַחַלוֹן
Dove?	le'an?	לְאָן?
qui (vieni ~)	'hena, lekan	הֵנָה; לְכָאן

ci (~ vado stasera)	leʃam	לְשָׁם
da qui	mikan	מִכָּאן
da lì	miʃam	מִשָּׁם
vicino, accanto (avv)	karov	קָרוֹב
lontano (avv)	raxok	רָחוֹק
vicino (~ a Parigi)	leyad	לְיַד
vicino (qui ~)	karov	קָרוֹב
non lontano	lo raxok	לֹא רָחוֹק
sinistro (agg)	smali	שְׂמָאלִי
a sinistra (rimanere ~)	mismol	מִשְׂמֹאל
a sinistra (girare ~)	'smola	שְׂמֹאלָה
destro (agg)	yemani	יְמָנִי
a destra (rimanere ~)	miyamin	מִיָּמִין
a destra (girare ~)	ya'mina	יָמִינָה
davanti	mika'dima	מִקָּדִימָה
anteriore (agg)	kidmi	קִדמִי
avanti	ka'dima	קָדִימָה
dietro (avv)	me'axor	מֵאָחוֹר
da dietro	me'axor	מֵאָחוֹר
indietro	a'xora	אֲחוֹרָה
mezzo (m), centro (m)	'emtsa	אֶמצַע (ז)
in mezzo, al centro	ba''emtsa	בָּאֶמצַע
di fianco	mehatsad	מֵהַצַד
dappertutto	bexol makom	בְּכָל מָקוֹם
attorno	misaviv	מִסָבִיב
da dentro	mibifnim	מִבִּפנִים
da qualche parte (andare ~)	le'an ʃehu	לְאָן שֶׁהוּא
dritto (direttamente)	yaʃar	יָשָׁר
indietro	baxazara	בַּחֲזָרָה
da qualsiasi parte	me'ei ʃam	מֵאֵי שָׁם
da qualche posto (veniamo ~)	me'ei ʃam	מֵאֵי שָׁם
in primo luogo	reʃit	רֵאשִׁית
in secondo luogo	ʃenit	שֵׁנִית
in terzo luogo	ʃliʃit	שְׁלִישִׁית
all'improvviso	pit'om	פִּתאוֹם
all'inizio	behatslaxa	בַּהַתחָלָה
per la prima volta	lariʃona	לָרִאשׁוֹנָה
molto tempo prima di...	zman rav lifnei ...	זְמַן רַב לִפנֵי ...
di nuovo	mexadaʃ	מֵחָדָשׁ
per sempre	letamid	לְתָמִיד
mai	af 'pa'am, me'olam	מֵעוֹלָם, אַף פַּעַם
ancora	ʃuv	שׁוּב

adesso	axʃav, ka'et	עַכְשָׁיו, כָּעֵת
spesso (avv)	le'itim krovot	לְעִיתִים קְרוֹבוֹת
allora	az	אָז
urgentemente	bidxifut	בִּדְחִיפוּת
di solito	be'derex klal	בְּדֶרֶךְ כְּלָל
a proposito, ...	'derex 'agav	דֶרֶךְ אַגַּב
è possibile	efʃari	אֶפְשָׁרִי
probabilmente	kanir'e	כַּנִרְאֶה
forse	ulai	אוּלַי
inoltre ...	xuts mize ...	חוּץ מִזֶה ...
ecco perché ...	laxen	לָכֵן
nonostante (~ tutto)	lamrot ...	לַמְרוֹת ...
grazie a ...	hodot le...	הוֹדוֹת לְ...
che cosa (pron)	ma	מַה
che (cong)	ʃe	שֶׁ
qualcosa (qualsiasi cosa)	'maʃehu	מַשֶׁהוּ
qualcosa (le serve ~?)	'maʃehu	מַשֶׁהוּ
niente	klum	כְּלוּם
chi (pron)	mi	מִי
qualcuno (annuire a ~)	'miʃehu, 'miʃehi	מִישֶׁהוּ (ז), מִישֶׁהִי (נ)
qualcuno (dipendere da ~)	'miʃehu, 'miʃehi	מִישֶׁהוּ (ז), מִישֶׁהִי (נ)
nessuno	af exad, af axat	אַף אֶחָד (ז), אַף אַחַת (נ)
da nessuna parte	leʃum makom	לְשׁוּם מָקוֹם
di nessuno	lo ʃayax le'af exad	לֹא שַׁיָיךְ לְאַף אֶחָד
di qualcuno	ʃel 'miʃehu	שֶׁל מִישֶׁהוּ
così (era ~ arrabbiato)	kol kax	כָּל-כָּךְ
anche (penso ~ a ...)	gam	גַם
anche, pure	gam	גַם

18. Parole grammaticali. Avverbi. Parte 2

Perché?	ma'du'a?	מַדוּעַ?
per qualche ragione	miʃum ma	מִשׁוּם־מָה
perché ...	miʃum ʃe	מִשׁוּם שֶׁ
per qualche motivo	lematara 'kolʃehi	לְמַטָרָה כָּלשֶׁהִי
e (cong)	ve ...	וְ...
o (sì ~ no?)	o	אוֹ
ma (però)	aval, ulam	אֲבָל, אוּלָם
per (~ me)	biʃvil	בִּשְׁבִיל
troppo	yoter midai	יוֹתֵר מִדַי
solo (avv)	rak	רַק
esattamente	bediyuk	בְּדִיוּק
circa (~ 10 dollari)	be"erex	בְּעֵרֶךְ
approssimativamente	be"erex	בְּעֵרֶךְ
approssimativo (agg)	meʃo'ar	מְשׁוֹעָר
quasi	kim'at	כִּמְעַט

resto	ʃe'ar	שְׁאָר (ז)
l'altro (~ libro)	axer	אַחֵר
altro (differente)	axer	אַחֵר
ogni (agg)	kol	כֹּל
qualsiasi (agg)	kolʃehu	כָּלשֶׁהוּ
molti, molto	harbe	הַרבֵּה
molta gente	harbe	הַרבֵּה
tutto, tutti	kulam	כּוּלָם
in cambio di …	tmurat …	תמוּרַת …
in cambio	bitmura	בִּתמוּרָה
a mano (fatto ~)	bayad	בְּיָד
poco probabile	safek im	סָפֵק אִם
probabilmente	karov levadai	קָרוֹב לְוַודַאי
apposta	'davka	דַווקָא
per caso	bemikre	בְּמִקרֶה
molto (avv)	me'od	מְאוֹד
per esempio	lemaʃal	לְמָשָׁל
fra (~ due)	bein	בֵּין
fra (~ più di due)	be'kerev	בְּקֶרֶב
tanto (quantità)	kol kax harbe	כָּל־כָּך הַרבֵּה
soprattutto	bimyuxad	בִּמיוּחָד

Concetti di base. Parte 2

19. Giorni della settimana

lunedì (m)	yom ʃeni	יוֹם שֵׁנִי (ז)
martedì (m)	yom ʃliʃi	יוֹם שְׁלִישִׁי (ז)
mercoledì (m)	yom reviʻi	יוֹם רְבִיעִי (ז)
giovedì (m)	yom xamiʃi	יוֹם חָמִישִׁי (ז)
venerdì (m)	yom ʃiʃi	יוֹם שִׁישִׁי (ז)
sabato (m)	ʃabat	שַׁבָּת (נ)
domenica (f)	yom riʃon	יוֹם רִאשׁוֹן (ז)
oggi (avv)	hayom	הַיּוֹם
domani	maxar	מָחָר
dopodomani	maxaraˈtayim	מָחֳרָתַיִים
ieri (avv)	etmol	אֶתְמוֹל
l'altro ieri	ʃilʃom	שִׁלְשׁוֹם
giorno (m)	yom	יוֹם (ז)
giorno (m) lavorativo	yom avoda	יוֹם עֲבוֹדָה (ז)
giorno (m) festivo	yom xag	יוֹם חַג (ז)
giorno (m) di riposo	yom menuxa	יוֹם מְנוּחָה (ז)
fine (m) settimana	sof ʃaˈvuʻa	סוֹף שָׁבוּעַ
tutto il giorno	kol hayom	כָּל הַיּוֹם
l'indomani	lamaxarat	לַמָּחֳרָת
due giorni fa	lifnei yoˈmayim	לִפְנֵי יוֹמַיִים
il giorno prima	ʻerev	עֶרֶב
quotidiano (agg)	yomyomi	יוֹמְיוֹמִי
ogni giorno	midei yom	מִדֵי יוֹם
settimana (f)	ʃaˈvua	שָׁבוּעַ (ז)
la settimana scorsa	baʃaˈvuʻa ʃeˈavar	בַּשָׁבוּעַ שֶׁעָבַר
la settimana prossima	baʃaˈvuʻa haba	בַּשָׁבוּעַ הַבָּא
settimanale (agg)	ʃvuʻi	שְׁבוּעִי
ogni settimana	kol ʃaˈvuʻa	כָּל שָׁבוּעַ
due volte alla settimana	paʻaˈmayim beʃaˈvuʻa	פַּעֲמַיִים בְּשָׁבוּעַ
ogni martedì	kol yom ʃliʃi	כָּל יוֹם שְׁלִישִׁי

20. Ore. Giorno e notte

mattina (f)	ˈboker	בּוֹקֶר (ז)
di mattina	baˈboker	בַּבּוֹקֶר
mezzogiorno (m)	tsahaˈrayim	צָהֳרַיִים (ז"ר)
nel pomeriggio	axar hatsahaˈrayim	אַחַר הַצָּהֳרַיִים
sera (f)	ˈerev	עֶרֶב (ז)
di sera	baˈʻerev	בָּעֶרֶב

notte (f)	'laila	לַיְלָה (ז)
di notte	ba'laila	בַּלַיְלָה
mezzanotte (f)	χatsot	חֲצוֹת (נ)
secondo (m)	ʃniya	שְׁנִיָה (נ)
minuto (m)	daka	דַקָה (נ)
ora (f)	ʃa'a	שָׁעָה (נ)
mezzora (f)	χatsi ʃa'a	חֲצִי שָׁעָה (נ)
un quarto d'ora	'reva ʃa'a	רֶבַע שָׁעָה (ז)
quindici minuti	χameʃ esre dakot	חָמֵשׁ עֶשְׂרֵה דַקוֹת
ventiquattro ore	yemama	יְמָמָה (נ)
levata (f) del sole	zriχa	זְרִיחָה (נ)
alba (f)	'ʃaχar	שַׁחַר (ז)
mattutino (m)	'ʃaχar	שַׁחַר (ז)
tramonto (m)	ʃki'a	שְׁקִיעָה (נ)
di buon mattino	mukdam ba'boker	מוּקְדָם בַּבּוֹקֶר
stamattina	ha'boker	הַבּוֹקֶר
domattina	maχar ba'boker	מָחָר בַּבּוֹקֶר
oggi pomeriggio	hayom aχarei hatzaha'rayim	הַיוֹם אַחֲרֵי הַצָהֳרַיִים
nel pomeriggio	aχar hatsaha'rayim	אַחַר הַצָהֳרַיִים
domani pomeriggio	maχar aχarei hatsaha'rayim	מָחָר אַחֲרֵי הַצָהֳרַיִים
stasera	ha''erev	הָעֶרֶב
domani sera	maχar ba''erev	מָחָר בָּעֶרֶב
alle tre precise	baʃa'a ʃaloʃ bediyuk	בְּשָׁעָה שָׁלוֹשׁ בְּדִיוּק
verso le quattro	bisvivot arba	בִּסְבִיבוֹת אַרְבַּע
per le dodici	ad ʃteim esre	עַד שְׁתֵּים־עֶשְׂרֵה
fra venti minuti	be'od esrim dakot	בְּעוֹד עֶשְׂרִים דַקוֹת
fra un'ora	be'od ʃa'a	בְּעוֹד שָׁעָה
puntualmente	bazman	בַּזְמַן
un quarto di …	'reva le…	רֶבַע לְ…
entro un'ora	toχ ʃa'a	תוֹךְ שָׁעָה
ogni quindici minuti	kol 'reva ʃa'a	כָּל רֶבַע שָׁעָה
giorno e notte	misaviv laʃa'on	מִסָבִיב לַשָׁעוֹן

21. Mesi. Stagioni

gennaio (m)	'yanu'ar	יָנוּאָר (ז)
febbraio (m)	'febru'ar	פֶבְּרוּאָר (ז)
marzo (m)	merts	מֶרְץ (ז)
aprile (m)	april	אַפְּרִיל (ז)
maggio (m)	mai	מַאי (ז)
giugno (m)	'yuni	יוּנִי (ז)
luglio (m)	'yuli	יוּלִי (ז)
agosto (m)	'ogust	אוֹגוּסְט (ז)
settembre (m)	sep'tember	סֶפְּטֶמְבָּר (ז)
ottobre (m)	ok'tober	אוֹקְטוֹבֶּר (ז)

novembre (m)	no'vember	נוֹבֶמבֶּר (ז)
dicembre (m)	de'tsember	דֶצֶמבֶּר (ז)
primavera (f)	aviv	אָבִיב (ז)
in primavera	ba'aviv	בָּאָבִיב
primaverile (agg)	avivi	אֲבִיבִי
estate (f)	'kayits	קַיִץ (ז)
in estate	ba'kayits	בַּקַיִץ
estivo (agg)	ketsi	קֵיצִי
autunno (m)	stav	סתָיו (ז)
in autunno	bestav	בַּסתָיו
autunnale (agg)	stavi	סתָווִי
inverno (m)	'χoref	חוֹרֶף (ז)
in inverno	ba'χoref	בַּחוֹרֶף
invernale (agg)	χorpi	חוֹרפִּי
mese (m)	'χodeʃ	חוֹדֶשׁ (ז)
questo mese	ha'χodeʃ	הַחוֹדֶשׁ
il mese prossimo	ba'χodeʃ haba	בַּחוֹדֶשׁ הַבָּא
il mese scorso	ba'χodeʃ ʃe'avar	בַּחוֹדֶשׁ שֶׁעָבַר
un mese fa	lifnei 'χodeʃ	לִפנֵי חוֹדֶשׁ
fra un mese	be'od 'χodeʃ	בְּעוֹד חוֹדֶשׁ
fra due mesi	be'od χod'ʃayim	בְּעוֹד חוֹדשָׁיִים
un mese intero	kol ha'χodeʃ	כָּל הַחוֹדֶשׁ
per tutto il mese	kol ha'χodeʃ	כָּל הַחוֹדֶשׁ
mensile (rivista ~)	χodʃi	חוֹדשִׁי
mensilmente	χodʃit	חוֹדשִׁית
ogni mese	kol 'χodeʃ	כָּל חוֹדֶשׁ
due volte al mese	pa'a'mayim be'χodeʃ	פַּעֲמַיִים בְּחוֹדֶשׁ
anno (m)	ʃana	שָׁנָה (נ)
quest'anno	haʃana	הַשָׁנָה
l'anno prossimo	baʃana haba'a	בַּשָׁנָה הַבָּאָה
l'anno scorso	baʃana ʃe'avra	בַּשָׁנָה שֶׁעָברָה
un anno fa	lifnei ʃana	לִפנֵי שָׁנָה
fra un anno	be'od ʃana	בְּעוֹד שָׁנָה
fra due anni	be'od ʃna'tayim	בְּעוֹד שנָתַיִים
un anno intero	kol haʃana	כָּל הַשָׁנָה
per tutto l'anno	kol haʃana	כָּל הַשָׁנָה
ogni anno	kol ʃana	כָּל שָׁנָה
annuale (agg)	ʃnati	שׁנָתִי
annualmente	midei ʃana	מִדֵי שָׁנָה
quattro volte all'anno	arba pa'amim be'χodeʃ	אַרבַּע פְּעָמִים בְּחוֹדֶשׁ
data (f) (~ di oggi)	ta'ariχ	תַאֲרִיך (ז)
data (f) (~ di nascita)	ta'ariχ	תַאֲרִיך (ז)
calendario (m)	'luaχ ʃana	לוּחַ שָׁנָה (ז)
mezz'anno (m)	χatsi ʃana	חֲצִי שָׁנָה (ז)
semestre (m)	ʃiʃa χodaʃim, χatsi ʃana	חֲצִי שָׁנָה, שִׁישָׁה חוֹדָשִׁים

stagione (f) (estate, ecc.)	ona	עוֹנָה (נ)
secolo (m)	'me'a	מֵאָה (נ)

22. Unità di misura

peso (m)	miʃkal	מִשְׁקָל (ז)
lunghezza (f)	'orex	אוֹרֶךְ (ז)
larghezza (f)	'roxav	רוֹחַב (ז)
altezza (f)	'gova	גּוֹבָה (ז)
profondità (f)	'omek	עוֹמֶק (ז)
volume (m)	'nefax	נֶפַח (ז)
area (f)	'ʃetax	שֶׁטַח (ז)
grammo (m)	gram	גְרָם (ז)
milligrammo (m)	miligram	מִילִיגְרָם (ז)
chilogrammo (m)	kilogram	קִילוֹגְרָם (ז)
tonnellata (f)	ton	טוֹן (ז)
libbra (f)	'pa'und	פָאוּנד (ז)
oncia (f)	'unkiya	אוּנקִיָה (נ)
metro (m)	'meter	מֶטֶר (ז)
millimetro (m)	mili'meter	מִילִימֶטֶר (ז)
centimetro (m)	senti'meter	סֶנטִימֶטֶר (ז)
chilometro (m)	kilo'meter	קִילוֹמֶטֶר (ז)
miglio (m)	mail	מַייל (ז)
pollice (m)	intʃ	אִינצ' (ז)
piede (f)	'regel	רֶגֶל (נ)
iarda (f)	yard	יַרד (ז)
metro (m) quadro	'meter ra'vu'a	מֶטֶר רָבוּעַ (ז)
ettaro (m)	hektar	הֶקטָר (ז)
litro (m)	litr	לִיטר (ז)
grado (m)	ma'ala	מַעֲלָה (נ)
volt (m)	volt	ווֹלט (ז)
ampere (m)	amper	אַמפֶּר (ז)
cavallo vapore (m)	'koax sus	כּוֹחַ סוּס (ז)
quantità (f)	kamut	כָּמוּת (נ)
un po' di ...	ktsat ...	קצָת ...
metà (f)	'xetsi	חֲצִי (ז)
dozzina (f)	tresar	תרֵיסָר (ז)
pezzo (m)	yexida	יְחִידָה (נ)
dimensione (f)	'godel	גוֹדֶל (ז)
scala (f) (modello in ~)	kne mida	קנֵה מִידָה (ז)
minimo (agg)	mini'mali	מִינִימָאלִי
minore (agg)	hakatan beyoter	הַקָטָן בְּיוֹתֵר
medio (agg)	memutsa	מְמוּצָע
massimo (agg)	maksi'mali	מַקסִימָלִי
maggiore (agg)	hagadol beyoter	הַגָדוֹל בְּיוֹתֵר

23. Contenitori

barattolo (m) di vetro	tsin'tsenet	צִנְצֶנֶת (נ)
latta, lattina (f)	paxit	פָּחִית (נ)
secchio (m)	dli	דְּלִי (ז)
barile (m), botte (f)	xavit	חָבִית (נ)
catino (m)	gigit	גִּיגִית (נ)
serbatoio (m) (per liquidi)	meixal	מֵיכָל (ז)
fiaschetta (f)	meimiya	מֵימִיָּה (נ)
tanica (f)	'dʒerikan	גֶ'רִיקָן (ז)
cisterna (f)	mexalit	מֵיכָלִית (נ)
tazza (f)	'sefel	סֵפֶל (ז)
tazzina (f) (~ di caffé)	'sefel	סֵפֶל (ז)
piattino (m)	taxtit	תַּחְתִּית (נ)
bicchiere (m) (senza stelo)	kos	כּוֹס (נ)
calice (m)	ga'vi'a	גָּבִיעַ (ז)
casseruola (f)	sir	סִיר (ז)
bottiglia (f)	bakbuk	בַּקְבּוּק (ז)
collo (m) (~ della bottiglia)	tsavar habakbuk	צַוָּאר הַבַּקְבּוּק (ז)
caraffa (f)	kad	כַּד (ז)
brocca (f)	kankan	קַנְקַן (ז)
recipiente (m)	kli	כְּלִי (ז)
vaso (m) di coccio	sir 'xeres	סִיר חֶרֶס (ז)
vaso (m) di fiori	agartal	אֲגַרְטָל (ז)
boccetta (f) (~ di profumo)	tsloxit	צְלוֹחִית (נ)
fiala (f)	bakbukon	בַּקְבּוּקוֹן (ז)
tubetto (m)	ffo'feret	שְׁפוֹפֶרֶת (נ)
sacco (m) (~ di patate)	sak	שַׂק (ז)
sacchetto (m) (~ di plastica)	sakit	שַׂקִּית (נ)
pacchetto (m) (~ di sigarette, ecc.)	xafisa	חֲפִיסָה (נ)
scatola (f) (~ per scarpe)	kufsa	קוּפְסָה (נ)
cassa (f) (~ di vino, ecc.)	argaz	אַרְגָּז (ז)
cesta (f)	sal	סַל (ז)

ESSERE UMANO

Essere umano. Il corpo umano

24. Testa

testa (f)	roʃ	ראש (ז)
viso (m)	panim	פָּנִים (ז״ר)
naso (m)	af	אַף (ז)
bocca (f)	pe	פֶּה (ז)
occhio (m)	'ayin	עַיִן (נ)
occhi (m pl)	ei'nayim	עֵינַיִים (נ״ר)
pupilla (f)	iʃon	אִישׁוֹן (ז)
sopracciglio (m)	gaba	גַּבָּה (נ)
ciglio (m)	ris	רִיס (ז)
palpebra (f)	af'af	עַפְעַף (ז)
lingua (f)	laʃon	לָשׁוֹן (נ)
dente (m)	ʃen	שֵׁן (נ)
labbra (f pl)	sfa'tayim	שְׂפָתַיִים (נ״ר)
zigomi (m pl)	atsamot leχa'yayim	עֲצָמוֹת לְחָיַיִם (נ״ר)
gengiva (f)	χani'χayim	חֲנִיכַיִים (ז״ר)
palato (m)	χeχ	חֵך (ז)
narici (f pl)	neχi'rayim	נְחִירַיִים (ז״ר)
mento (m)	santer	סַנטֵר (ז)
mascella (f)	'leset	לֶסֶת (נ)
guancia (f)	'leχi	לְחִי (נ)
fronte (f)	'metsaχ	מֵצַח (ז)
tempia (f)	raka	רַקָה (נ)
orecchio (m)	'ozen	אוֹזֶן (נ)
nuca (f)	'oref	עוֹרֶף (ז)
collo (m)	tsavar	צַוָואר (ז)
gola (f)	garon	גָרוֹן (ז)
capelli (m pl)	se'ar	שֵׂיעָר (ז)
pettinatura (f)	tis'roket	תִסרוֹקֶת (נ)
taglio (m)	tis'poret	תִספּוֹרֶת (נ)
parrucca (f)	pe'a	פֵּאָה (נ)
baffi (m pl)	safam	שָׂפָם (ז)
barba (f)	zakan	זָקָן (ז)
portare (~ la barba, ecc.)	legadel	לְגַדֵל
treccia (f)	tsama	צַמָה (נ)
basette (f pl)	pe'ot leχa'yayim	פֵּאוֹת לְחָיַיִם (נ״ר)
rosso (agg)	'dʒindʒi	גִ'ינגִ'י
brizzolato (agg)	kasuf	כָּסוּף

calvo (agg)	ke'reaχ	קֵירֵחַ
calvizie (f)	ka'raχat	קָרַחַת (נ)
coda (f) di cavallo	'kuku	קוּקוּ (ז)
frangetta (f)	'poni	פּוֹנִי (ז)

25. Corpo umano

mano (f)	kaf yad	כַּף יָד (נ)
braccio (m)	yad	יָד (נ)
dito (m)	'etsba	אֶצבַּע (נ)
dito (m) del piede	'bohen	בּוֹהֶן (נ)
pollice (m)	agudal	אָגוּדָל (ז)
mignolo (m)	'zeret	זֶרֶת (נ)
unghia (f)	tsi'poren	צִיפּוֹרֶן (נ)
pugno (m)	egrof	אֶגרוֹף (ז)
palmo (m)	kaf yad	כַּף יָד (נ)
polso (m)	ʃoreʃ kaf hayad	שׁוֹרֶשׁ כַּף הַיָד (ז)
avambraccio (m)	ama	אַמָה (נ)
gomito (m)	marpek	מַרפֵּק (ז)
spalla (f)	katef	כָּתֵף (נ)
gamba (f)	'regel	רֶגֶל (נ)
pianta (f) del piede	kaf 'regel	כַּף רֶגֶל (נ)
ginocchio (m)	'bereχ	בֶּרֶך (נ)
polpaccio (m)	ʃok	שׁוֹק (ז)
anca (f)	yareχ	יָרֵך (נ)
tallone (m)	akev	עָקֵב (ז)
corpo (m)	guf	גוּף (ז)
pancia (f)	'beten	בֶּטֶן (נ)
petto (m)	χaze	חָזֶה (ז)
seno (m)	ʃad	שַׁד (ז)
fianco (m)	tsad	צַד (ז)
schiena (f)	gav	גַב (ז)
zona (f) lombare	mot'nayim	מוֹתנַיִים (ז״ר)
vita (f)	'talya	טַליָה (נ)
ombelico (m)	tabur	טַבּוּר (ז)
natiche (f pl)	aχo'rayim	אֲחוֹרַיִים (ז״ר)
sedere (m)	yaʃvan	יַשׁבָן (ז)
neo (m)	nekudat χen	נְקוּדַת חֵן (נ)
voglia (f) (~ di fragola)	'ketem leida	כֶּתֶם לֵידָה (ז)
tatuaggio (m)	kaʻaʻkuʻa	קַעֲקוּעַ (ז)
cicatrice (f)	tsa'leket	צַלֶקֶת (נ)

Abbigliamento e Accessori

26. Indumenti. Soprabiti

vestiti (m pl)	bgadim	בְּגָדִים (ז"ר)
soprabito (m)	levuʃ elyon	לְבוּשׁ עֶלְיוֹן (ז)
abiti (m pl) invernali	bigdei 'xoref	בִּגְדֵי חוֹרֶף (ז"ר)
cappotto (m)	me'il	מְעִיל (ז)
pelliccia (f)	me'il parva	מְעִיל פַּרְוָה (ז)
pellicciotto (m)	me'il parva katsar	מְעִיל פַּרְוָה קָצָר (ז)
piumino (m)	me'il pux	מְעִיל פּוּךְ (ז)
giubbotto (m), giaccha (f)	me'il katsar	מְעִיל קָצָר (ז)
impermeabile (m)	me'il 'geʃem	מְעִיל גֶּשֶׁם (ז)
impermeabile (agg)	amid be'mayim	עָמִיד בְּמַיִם

27. Men's & women's clothing

camicia (f)	xultsa	חוּלְצָה (נ)
pantaloni (m pl)	mixna'sayim	מִכְנָסַיִים (ז"ר)
jeans (m pl)	mixnesei 'dʒins	מִכְנְסֵי גִ'ינְס (ז"ר)
giacca (f) (~ di tweed)	ʒaket	זָ'קֵט (ז)
abito (m) da uomo	xalifa	חֲלִיפָה (נ)
abito (m)	simla	שִׂמְלָה (נ)
gonna (f)	xatsa'it	חֲצָאִית (נ)
camicetta (f)	xultsa	חוּלְצָה (נ)
giacca (f) a maglia	ʒaket 'tsemer	זָ'קֵט צֶמֶר (ז)
giacca (f) tailleur	ʒaket	זָ'קֵט (ז)
maglietta (f)	ti ʃert	טִי שֶׁרְט (ז)
pantaloni (m pl) corti	mixna'sayim ktsarim	מִכְנָסַיִים קְצָרִים (ז"ר)
tuta (f) sportiva	'trening	טְרֶנִינְג (ז)
accappatoio (m)	xaluk raxatsa	חָלוּק רַחֲצָה (ז)
pigiama (m)	pi'dʒama	פִּיגָ'מָה (נ)
maglione (m)	'sveder	סְוֶודֶר (ז)
pullover (m)	afuda	אֲפוּדָה (נ)
gilè (m)	vest	וֶסְט (ז)
frac (m)	frak	פְרָאק (ז)
smoking (m)	tuk'sido	טוּקְסִידוֹ (ז)
uniforme (f)	madim	מַדִים (ז"ר)
tuta (f) da lavoro	bigdei avoda	בִּגְדֵי עֲבוֹדָה (ז"ר)
salopette (f)	sarbal	סַרְבָּל (ז)
camice (m) (~ del dottore)	xaluk	חָלוּק (ז)

28. Abbigliamento. Biancheria intima

biancheria (f) intima	levanim	לְבָנִים (ז"ר)
boxer (m pl)	taxtonim	תַחְתוֹנִים (ז"ר)
mutandina (f)	taxtonim	תַחְתוֹנִים (ז"ר)
maglietta (f) intima	gufiya	גוּפִיָּה (נ)
calzini (m pl)	gar'bayim	גַּרְבַּיִם (ז"ר)
camicia (f) da notte	'ktonet 'laila	כְּתוֹנֶת לַיְלָה (נ)
reggiseno (m)	xaziya	חֲזִיָּה (נ)
calzini (m pl) alti	birkon	בִּרְכּוֹן (ז)
collant (m)	garbonim	גַּרְבּוֹנִים (ז"ר)
calze (f pl)	garbei 'nailon	גַּרְבֵּי נַיְלוֹן (ז"ר)
costume (m) da bagno	'beged yam	בֶּגֶד יָם (ז)

29. Copricapo

cappello (m)	'kova	כּוֹבַע (ז)
cappello (m) di feltro	'kova 'leved	כּוֹבַע לֶבֶד (ז)
cappello (m) da baseball	'kova 'beisbol	כּוֹבַע בֵּייסְבּוֹל (ז)
coppola (f)	'kova mitsxiya	כּוֹבַע מִצְחִיָּה (ז)
basco (m)	baret	בֶּרֶט (ז)
cappuccio (m)	bardas	בַּרְדָּס (ז)
panama (m)	'kova 'tembel	כּוֹבַע טֶמְבֶּל (ז)
berretto (m) a maglia	'kova 'gerev	כּוֹבַע גֶּרֶב (ז)
fazzoletto (m) da capo	mit'paxat	מִטְפַּחַת (נ)
cappellino (m) donna	'kova	כּוֹבַע (ז)
casco (m) (~ di sicurezza)	kasda	קַסְדָּה (נ)
bustina (f)	kumta	כּוּמְתָּה (נ)
casco (m) (~ moto)	kasda	קַסְדָּה (נ)
bombetta (f)	mig'ba'at me'u'gelet	מִגְבַּעַת מְעוּגֶלֶת (נ)
cilindro (m)	tsi'linder	צִילִינְדֶּר (ז)

30. Calzature

calzature (f pl)	han'ala	הַנְעָלָה (נ)
stivaletti (m pl)	na'a'layim	נַעֲלַיִם (נ"ר)
scarpe (f pl)	na'a'layim	נַעֲלַיִם (נ"ר)
stivali (m pl)	maga'fayim	מַגָּפַיִם (ז"ר)
pantofole (f pl)	na'alei 'bayit	נַעֲלֵי בַּיִת (נ"ר)
scarpe (f pl) da tennis	na'alei sport	נַעֲלֵי סְפּוֹרְט (נ"ר)
scarpe (f pl) da ginnastica	na'alei sport	נַעֲלֵי סְפּוֹרְט (נ"ר)
sandali (m pl)	sandalim	סַנְדָּלִים (ז"ר)
calzolaio (m)	sandlar	סַנְדְּלָר (ז)
tacco (m)	akev	עָקֵב (ז)

paio (m)	zug	זוּג (ז)
laccio (m)	sroχ	שְׂרוֹך (ז)
allacciare (vt)	lisroχ	לִשְׂרוֹך
calzascarpe (m)	kaf na'a'layim	כַּף נַעֲלַיִים (נ)
lucido (m) per le scarpe	miʃχat na'a'layim	מִשְׁחַת נַעֲלַיִים (נ)

31. Accessori personali

guanti (m pl)	kfafot	כְּפָפוֹת (נ״ר)
manopole (f pl)	kfafot	כְּפָפוֹת (נ״ר)
sciarpa (f)	tsa'if	צָעִיף (ז)
occhiali (m pl)	miʃka'fayim	מִשְׁקָפַיִים (ז״ר)
montatura (f)	mis'geret	מִסְגֶּרֶת (נ)
ombrello (m)	mitriya	מִטְרִיָּה (נ)
bastone (m)	makel haliχa	מַקֵּל הֲלִיכָה (ז)
spazzola (f) per capelli	miv'reʃet se'ar	מִבְרֶשֶׁת שֵׂיעָר (נ)
ventaglio (m)	menifa	מְנִיפָה (נ)
cravatta (f)	aniva	עֲנִיבָה (נ)
cravatta (f) a farfalla	anivat parpar	עֲנִיבַת פַּרְפָּר (נ)
bretelle (f pl)	ktefiyot	כְּתֵפִיּוֹת (נ״ר)
fazzoletto (m)	mimχata	מִמְחָטָה (נ)
pettine (m)	masrek	מַסְרֵק (ז)
fermaglio (m)	sikat roʃ	סִיכַּת רֹאשׁ (נ)
forcina (f)	sikat se'ar	סִיכַּת שֵׂעָר (נ)
fibbia (f)	avzam	אַבְזָם (ז)
cintura (f)	χagora	חֲגוֹרָה (נ)
spallina (f)	retsu'at katef	רְצוּעַת כָּתֵף (נ)
borsa (f)	tik	תִּיק (ז)
borsetta (f)	tik	תִּיק (ז)
zaino (m)	tarmil	תַּרְמִיל (ז)

32. Abbigliamento. Varie

moda (f)	ofna	אוֹפְנָה (נ)
di moda	ofnati	אוֹפְנָתִי
stilista (m)	me'atsev ofna	מְעַצֵּב אוֹפְנָה (ז)
collo (m)	tsavaron	צַוָּארוֹן (ז)
tasca (f)	kis	כִּיס (ז)
tascabile (agg)	ʃel kis	שֶׁל כִּיס
manica (f)	ʃarvul	שַׁרְווּל (ז)
asola (f) per appendere	mitle	מִתְלֶה (ז)
patta (f) (~ dei pantaloni)	χanut	חֲנוּת (נ)
cerniera (f) lampo	roχsan	רוֹכְסָן (ז)
chiusura (f)	'keres	קֶרֶס (ז)
bottone (m)	kaftor	כַּפְתּוֹר (ז)

occhiello (m)	lula'a	לוּלָאָה (נ)
staccarsi (un bottone)	lehitaleʃ	לְהִיתָּלֵשׁ
cucire (vi, vt)	litpor	לִתְפּוֹר
ricamare (vi, vt)	lirkom	לִרְקוֹם
ricamo (m)	rikma	רִקְמָה (נ)
ago (m)	'maxat tfira	מַחַט תְּפִירָה (נ)
filo (m)	xut	חוּט (ז)
cucitura (f)	'tefer	תֶּפֶר (ז)
sporcarsi (vr)	lehitlaxlex	לְהִתְלַכְלֵךְ
macchia (f)	'ketem	כֶּתֶם (ז)
sgualcirsi (vr)	lehitkamet	לְהִתְקַמֵּט
strappare (vt)	lik'ro'a	לִקְרוֹעַ
tarma (f)	aʃ	עָשׁ (ז)

33. Cura della persona. Cosmetici

dentifricio (m)	miʃxat ʃi'nayim	מִשְׁחַת שִׁינַּיִים (נ)
spazzolino (m) da denti	miv'reʃet ʃi'nayim	מִבְרֶשֶׁת שִׁינַּיִים (נ)
lavarsi i denti	letsax'tseax ʃi'nayim	לְצַחְצֵחַ שִׁינַּיִים
rasoio (m)	'ta'ar	תַּעַר (ז)
crema (f) da barba	'ketsef gi'luax	קֶצֶף גִּילוּחַ (ז)
rasarsi (vr)	lehitga'leax	לְהִתְגַּלֵּחַ
sapone (m)	sabon	סַבּוֹן (ז)
shampoo (m)	ʃampu	שַׁמְפּוּ (ז)
forbici (f pl)	mispa'rayim	מִסְפָּרַיִים (ז"ר)
limetta (f)	ptsira	פְּצִירָה (נ)
tagliaunghie (m)	gozez tsipor'nayim	גּוֹזֵז צִיפּוֹרְנַיִים (ז)
pinzette (f pl)	pin'tseta	פִּינְצֶטָה (נ)
cosmetica (f)	tamrukim	תַּמְרוּקִים (ז"ר)
maschera (f) di bellezza	masexa	מַסֵּכָה (נ)
manicure (m)	manikur	מָנִיקוּר (ז)
fare la manicure	la'asot manikur	לַעֲשׂוֹת מָנִיקוּר
pedicure (m)	pedikur	פֶּדִיקוּר (ז)
borsa (f) del trucco	tik ipur	תִּיק אִיפּוּר (ז)
cipria (f)	'pudra	פּוּדְרָה (נ)
portacipria (m)	pudriya	פּוּדְרִיָּיה (נ)
fard (m)	'somek	סוֹמֶק (ז)
profumo (m)	'bosem	בּוֹשֶׂם (ז)
acqua (f) da toeletta	mei 'bosem	מֵי בּוֹשֶׂם (ז"ר)
lozione (f)	mei panim	מֵי פָּנִים (ז"ר)
acqua (f) di Colonia	mei 'bosem	מֵי בּוֹשֶׂם (ז"ר)
ombretto (m)	tslalit	צְלָלִית (נ)
eyeliner (m)	ai 'lainer	אַי לַיינֶר (ז)
mascara (m)	'maskara	מַסְקָרָה (נ)
rossetto (m)	sfaton	שְׂפָתוֹן (ז)

smalto (m)	'laka letsipor'nayim	לַכָּה לְצִיפּוֹרְנַיִים (נ)
lacca (f) per capelli	tarsis lese'ar	תַּרְסִיס לְשֵׂיעָר (ז)
deodorante (m)	de'odo'rant	דֵּאוֹדוֹרַנְט (ז)
crema (f)	krem	קְרֵם (ז)
crema (f) per il viso	krem panim	קְרֵם פָּנִים (ז)
crema (f) per le mani	krem ya'dayim	קְרֵם יָדַיִים (ז)
crema (f) antirughe	krem 'neged kmatim	קְרֵם נֶגֶד קְמָטִים (ז)
crema (f) da giorno	krem yom	קְרֵם יוֹם (ז)
crema (f) da notte	krem 'laila	קְרֵם לַיְלָה (ז)
da giorno	yomi	יוֹמִי
da notte	leili	לֵילִי
tampone (m)	tampon	טַמְפּוֹן (ז)
carta (f) igienica	neyar tu'alet	נְיָיר טוּאָלֶט (ז)
fon (m)	meyabeʃ se'ar	מְיַיבֵּשׁ שֵׂיעָר (ז)

34. Orologi da polso. Orologio

orologio (m) (~ da polso)	ʃe'on yad	שָׁעוֹן יָד (ז)
quadrante (m)	'luaχ ʃa'on	לוּחַ שָׁעוֹן (ז)
lancetta (f)	maχog	מָחוֹג (ז)
braccialetto (m)	tsamid	צָמִיד (ז)
cinturino (m)	retsu'a leʃa'on	רְצוּעָה לְשָׁעוֹן (נ)
pila (f)	solela	סוֹלְלָה (נ)
essere scarico	lehitroken	לְהִתְרוֹקֵן
cambiare la pila	lehaχlif	לְהַחֲלִיף
andare avanti	lemaher	לְמַהֵר
andare indietro	lefager	לְפַגֵּר
orologio (m) da muro	ʃe'on kir	שָׁעוֹן קִיר (ז)
clessidra (f)	ʃe'on χol	שָׁעוֹן חוֹל (ז)
orologio (m) solare	ʃe'on 'ʃemeʃ	שָׁעוֹן שֶׁמֶשׁ (ז)
sveglia (f)	ʃa'on me'orer	שָׁעוֹן מְעוֹרֵר (ז)
orologiaio (m)	ʃa'an	שָׁעָן (ז)
riparare (vt)	letaken	לְתַקֵּן

Cibo. Alimentazione

35. Cibo

carne (f)	basar	בָּשָׂר (ז)
pollo (m)	of	עוֹף (ז)
pollo (m) novello	pargit	פַּרְגִית (נ)
anatra (f)	barvaz	בַּרְוָז (ז)
oca (f)	avaz	אֲוָז (ז)
cacciagione (f)	'tsayid	צַיִד (ז)
tacchino (m)	'hodu	הוֹדוּ (ז)
maiale (m)	basar xazir	בָּשָׂר חֲזִיר (ז)
vitello (m)	basar 'egel	בָּשָׂר עֵגֶל (ז)
agnello (m)	basar 'keves	בָּשָׂר כֶּבֶשׂ (ז)
manzo (m)	bakar	בָּקָר (ז)
coniglio (m)	arnav	אַרְנָב (ז)
salame (m)	naknik	נַקְנִיק (ז)
w?rstel (m)	naknikiya	נַקְנִיקִיָה (נ)
pancetta (f)	'kotel xazir	קוֹתֶל חֲזִיר (ז)
prosciutto (m)	basar xazir meʻuʃan	בָּשָׂר חֲזִיר מְעוּשָׁן (ז)
prosciutto (m) affumicato	'kotel xazir meʻuʃan	קוֹתֶל חֲזִיר מְעוּשָׁן (ז)
pâté (m)	pate	פָּטֶה (ז)
fegato (m)	kaved	כָּבֵד (ז)
carne (f) trita	basar taxun	בָּשָׂר טָחוּן (ז)
lingua (f)	laʃon	לָשׁוֹן (נ)
uovo (m)	beitsa	בֵּיצָה (נ)
uova (f pl)	beitsim	בֵּיצִים (נ״ר)
albume (m)	xelbon	חֶלְבּוֹן (ז)
tuorlo (m)	xelmon	חֶלְמוֹן (ז)
pesce (m)	dag	דָג (ז)
frutti (m pl) di mare	perot yam	פֵּירוֹת יָם (ז״ר)
crostacei (m pl)	sartana'im	סַרְטָנָאִים (ז״ר)
caviale (m)	kavyar	קָוְויָאר (ז)
granchio (m)	sartan yam	סַרְטָן יָם (ז)
gamberetto (m)	ʃrimps	שְׁרִימְפְּס (ז״ר)
ostrica (f)	tsidpat ma'axal	צִדְפַּת מַאֲכָל (נ)
aragosta (f)	'lobster kotsani	לוֹבְּסְטֶר קוֹצָנִי (ז)
polpo (m)	tamnun	תַמְנוּן (ז)
calamaro (m)	kala'mari	קָלָמָארִי (ז)
storione (m)	basar haxidkan	בָּשָׂר הַחִדְקָן (ז)
salmone (m)	'salmon	סַלְמוֹן (ז)
ippoglosso (m)	putit	פּוּטִית (נ)
merluzzo (m)	ʃibut	שִׁיבּוּט (ז)

scombro (m)	kolyas	קוֹלְיָס (ז)
tonno (m)	'tuna	טוּנָה (נ)
anguilla (f)	tslofaχ	צְלוֹפָח (ז)
trota (f)	forel	פּוֹרֶל (ז)
sardina (f)	sardin	סַרְדִין (ז)
luccio (m)	ze'ev 'mayim	זְאֵב מַיִם (ז)
aringa (f)	ma'liaχ	מָלִיחַ (ז)
pane (m)	'leχem	לֶחֶם (ז)
formaggio (m)	gvina	גְבִינָה (נ)
zucchero (m)	sukar	סוּכָּר (ז)
sale (m)	'melaχ	מֶלַח (ז)
riso (m)	'orez	אוֹרֶז (ז)
pasta (f)	'pasta	פַּסְטָה (נ)
tagliatelle (f pl)	irtiyot	אִטְרִיוֹת (נ"ר)
burro (m)	χem'a	חֶמְאָה (נ)
olio (m) vegetale	'ʃemen tsimχi	שֶׁמֶן צִמְחִי (ז)
olio (m) di girasole	'ʃemen χamaniyot	שֶׁמֶן חַמָנִיוֹת (ז)
margarina (f)	marga'rina	מַרְגָרִינָה (נ)
olive (f pl)	zeitim	זֵיתִים (ז"ר)
olio (m) d'oliva	'ʃemen 'zayit	שֶׁמֶן זַיִת (ז)
latte (m)	χalav	חָלָב (ז)
latte (m) condensato	χalav merukaz	חָלָב מְרוּכָּז (ז)
yogurt (m)	'yogurt	יוֹגוּרְט (ז)
panna (f) acida	ʃa'menet	שַׁמֶנֶת (נ)
panna (f)	ʃa'menet	שַׁמֶנֶת (נ)
maionese (m)	mayonez	מָיוֹנֵז (ז)
crema (f)	ka'tsefet χem'a	קַצֶפֶת חֶמְאָה (נ)
cereali (m pl)	grisim	גְרִיסִים (ז"ר)
farina (f)	'kemaχ	קֶמַח (ז)
cibi (m pl) in scatola	ʃimurim	שִׁימוּרִים (ז"ר)
fiocchi (m pl) di mais	ptitei 'tiras	פְּתִיתֵי תִירָס (ז"ר)
miele (m)	dvaʃ	דְבַשׁ (ז)
marmellata (f)	riba	רִיבָּה (נ)
gomma (f) da masticare	'mastik	מַסְטִיק (ז)

36. Bevande

acqua (f)	'mayim	מַיִם (ז"ר)
acqua (f) potabile	mei ʃtiya	מֵי שְׁתִיָה (ז"ר)
acqua (f) minerale	'mayim mine'raliyim	מַיִם מִינֶרָלִיִים (ז"ר)
liscia (non gassata)	lo mugaz	לא מוּגָז
gassata (agg)	mugaz	מוּגָז
frizzante (agg)	mugaz	מוּגָז
ghiaccio (m)	'keraχ	קֶרַח (ז)

con ghiaccio	im 'keraχ	עִם קֶרַח
analcolico (agg)	natul alkohol	נְטוּל אַלְכּוֹהוֹל
bevanda (f) analcolica	maʃke kal	מַשְׁקֶה קַל (ז)
bibita (f)	maʃke mera'anen	מַשְׁקֶה מְכַעֲנֵן (ז)
limonata (f)	limo'nada	לִימוֹנָדָה (נ)
bevande (f pl) alcoliche	maʃka'ot χarifim	מַשְׁקָאוֹת חָרִיפִים (ז"ר)
vino (m)	'yayin	יַיִן (ז)
vino (m) bianco	'yayin lavan	יַיִן לָבָן (ז)
vino (m) rosso	'yayin adom	יַיִן אָדוֹם (ז)
liquore (m)	liker	לִיקֵר (ז)
champagne (m)	ʃam'panya	שַׁמְפַּנְיָה (נ)
vermouth (m)	'vermut	וֶרְמוּט (ז)
whisky	'viski	וִיסְקִי (ז)
vodka (f)	'vodka	וּוֹדְקָה (נ)
gin (m)	dʒin	גִ'ין (ז)
cognac (m)	'konyak	קוֹנְיָאק (ז)
rum (m)	rom	רוֹם (ז)
caffè (m)	kafe	קָפֶה (ז)
caffè (m) nero	kafe ʃaχor	קָפֶה שָׁחוֹר (ז)
caffè latte (m)	kafe hafuχ	קָפֶה הָפוּךְ (ז)
cappuccino (m)	kapu'tʃino	קָפוּצִ'ינוֹ (ז)
caffè (m) solubile	kafe names	קָפֶה נָמֵס (ז)
latte (m)	χalav	חָלָב (ז)
cocktail (m)	kokteil	קוֹקְטֵיל (ז)
frullato (m)	'milkʃeik	מִילְקְשֵׁייק (ז)
succo (m)	mits	מִיץ (ז)
succo (m) di pomodoro	mits agvaniyot	מִיץ עַגְבָנִיוֹת (ז)
succo (m) d'arancia	mits tapuzim	מִיץ תַּפּוּזִים (ז)
spremuta (f)	mits saχut	מִיץ סָחוּט (ז)
birra (f)	'bira	בִּירָה (נ)
birra (f) chiara	'bira bahira	בִּירָה בָּהִירָה (נ)
birra (f) scura	'bira keha	בִּירָה כֵּהָה (נ)
tè (m)	te	תֵה (ז)
tè (m) nero	te ʃaχor	תֵה שָׁחוֹר (ז)
tè (m) verde	te yarok	תֵה יָרוֹק (ז)

37. Verdure

ortaggi (m pl)	yerakot	יְרָקוֹת (ז"ר)
verdura (f)	'yerek	יָרָק (ז)
pomodoro (m)	agvaniya	עַגְבָנִיָּה (נ)
cetriolo (m)	melafefon	מְלָפְפוֹן (ז)
carota (f)	'gezer	גֶּזֶר (ז)
patata (f)	ta'puaχ adama	תַּפּוּחַ אֲדָמָה (ז)
cipolla (f)	batsal	בָּצָל (ז)

aglio (m)	ʃum	שׁוּם (ז)
cavolo (m)	kruv	כְּרוּב (ז)
cavolfiore (m)	kruvit	כְּרוּבִית (נ)
cavoletti (m pl) di Bruxelles	kruv niʦanim	כְּרוּב נִצָנִים (ז)
broccolo (m)	'brokoli	בְּרוֹקוֹלִי (ז)
barbabietola (f)	'selek	סֶלֶק (ז)
melanzana (f)	χaʦil	חָצִיל (ז)
zucchina (f)	kiʃu	קִישׁוּא (ז)
zucca (f)	'dla'at	דְלַעַת (נ)
rapa (f)	'lefet	לֶפֶת (נ)
prezzemolo (m)	petro'zilya	פֶּטרוֹזִילְיָה (נ)
aneto (m)	ʃamir	שָׁמִיר (ז)
lattuga (f)	'χasa	חָסָה (נ)
sedano (m)	'seleri	סָלֶרִי (ז)
asparago (m)	aspa'ragos	אַסְפָּרָגוֹס (ז)
spinaci (m pl)	'tered	תֶּרֶד (ז)
pisello (m)	afuna	אָפוּנָה (נ)
fave (f pl)	pol	פוֹל (ז)
mais (m)	'tiras	תִּירָס (ז)
fagiolo (m)	ʃu'it	שְׁעוּעִית (נ)
peperone (m)	'pilpel	פִּלְפֵּל (ז)
ravanello (m)	ʦnonit	צְנוֹנִית (נ)
carciofo (m)	artiʃok	אַרְטִישׁוֹק (ז)

38. Frutta. Noci

frutto (m)	pri	פְּרִי (ז)
mela (f)	ta'puaχ	תַּפּוּחַ (ז)
pera (f)	agas	אַגָס (ז)
limone (m)	limon	לִימוֹן (ז)
arancia (f)	tapuz	תָּפּוּז (ז)
fragola (f)	tut sade	תוּת שָׂדֶה (ז)
mandarino (m)	klemen'tina	קְלֶמֶנְטִינָה (נ)
prugna (f)	ʃezif	שְׁזִיף (ז)
pesca (f)	afarsek	אֲפַרְסֵק (ז)
albicocca (f)	'miʃmeʃ	מִשְׁמֵשׁ (ז)
lampone (m)	'petel	פֶּטֶל (ז)
ananas (m)	'ananas	אֲנָנָס (ז)
banana (f)	ba'nana	בָּנָנָה (נ)
anguria (f)	ava'tiaχ	אֲבַטִּיחַ (ז)
uva (f)	anavim	עֲנָבִים (ז״ר)
amarena (f)	duvdevan	דוּבְדְבָן (ז)
ciliegia (f)	gudgedan	גוּדגְדָן (ז)
melone (m)	melon	מֶלוֹן (ז)
pompelmo (m)	eʃkolit	אֶשְׁכּוֹלִית (נ)
avocado (m)	avo'kado	אֲבוֹקָדוֹ (ז)
papaia (f)	pa'paya	פַּפָּאיָה (נ)

mango (m)	'mango	מַנְגּוֹ (ז)
melagrana (f)	rimon	רִימוֹן (ז)
ribes (m) rosso	dumdemanit aduma	דּוּמְדְּמָנִית אֲדוּמָּה (נ)
ribes (m) nero	dumdemanit ʃxora	דּוּמְדְּמָנִית שְׁחוֹרָה (נ)
uva (f) spina	xazarzar	חַזַרְזַר (ז)
mirtillo (m)	uxmanit	אוּכְמָנִית (נ)
mora (f)	'petel ʃaxor	פֶּטֶל שָׁחוֹר (ז)
uvetta (f)	tsimukim	צִימוּקִים (ז"ר)
fico (m)	te'ena	תְּאֵנָה (נ)
dattero (m)	tamar	תָּמָר (ז)
arachide (f)	botnim	בּוֹטְנִים (ז"ר)
mandorla (f)	ʃaked	שָׁקֵד (ז)
noce (f)	egoz 'melex	אֱגוֹז מֶלֶךְ (ז)
nocciola (f)	egoz ilsar	אֱגוֹז אִלְסָר (ז)
noce (f) di cocco	'kokus	קוֹקוּס (ז)
pistacchi (m pl)	'fistuk	פִיסְטוּק (ז)

39. Pane. Dolci

pasticceria (f)	mutsrei kondi'torya	מוּצְרֵי קוֹנְדִּיטוֹרְיָה (ז"ר)
pane (m)	'lexem	לֶחֶם (ז)
biscotti (m pl)	ugiya	עוּגִיָּה (נ)
cioccolato (m)	'ʃokolad	שׁוֹקוֹלָד (ז)
al cioccolato (agg)	mi'ʃokolad	מְשׁוֹקוֹלָד
caramella (f)	sukariya	סוּכָּרִיָּה (נ)
tortina (f)	uga	עוּגָה (נ)
torta (f)	uga	עוּגָה (נ)
crostata (f)	pai	פָּאי (ז)
ripieno (m)	milui	מִילוּי (ז)
marmellata (f)	riba	רִיבָּה (נ)
marmellata (f) di agrumi	marme'lada	מַרְמְלָדָה (נ)
wafer (m)	'vaflim	וַפְלִים (ז"ר)
gelato (m)	'glida	גְלִידָה (נ)
budino (m)	'puding	פּוּדִינְג (ז)

40. Pietanze cucinate

piatto (m) (~ principale)	mana	מָנָה (נ)
cucina (f)	mitbax	מִטְבָּח (ז)
ricetta (f)	matkon	מַתְכּוֹן (ז)
porzione (f)	mana	מָנָה (נ)
insalata (f)	salat	סָלָט (ז)
minestra (f)	marak	מָרָק (ז)
brodo (m)	marak tsax, tsir	מָרָק צַח, צִיר (ז)
panino (m)	karix	כָּרִיךְ (ז)

uova (f pl) al tegamino	beitsat ain	בֵּיצַת עַיִן (נ)
hamburger (m)	'hamburger	הַמְבּוּרגֶר (ז)
bistecca (f)	umtsa, steik	אוּמצָה (נ), סטֵייק (ז)
contorno (m)	to'sefet	תוֹסֶפֶת (נ)
spaghetti (m pl)	spa'geti	סְפָּגֶטִי (ז)
purè (m) di patate	meχit tapuχei adama	מְחִית תַפּוּחֵי אֲדָמָה (נ)
pizza (f)	'pitsa	פִּיצָה (נ)
porridge (m)	daysa	דַייסָה (נ)
frittata (f)	χavita	חֲבִיתָה (נ)
bollito (agg)	mevuʃal	מְבוּשָל
affumicato (agg)	me'uʃan	מְעוּשָן
fritto (agg)	metugan	מְטוּגָן
secco (agg)	meyubaʃ	מְיוּבָּש
congelato (agg)	kafu	קָפוּא
sottoaceto (agg)	kavuʃ	כָּבוּש
dolce (gusto)	matok	מָתוֹק
salato (agg)	ma'luaχ	מָלוּחַ
freddo (agg)	kar	קַר
caldo (agg)	χam	חַם
amaro (agg)	marir	מָרִיר
buono, gustoso (agg)	ta'im	טָעִים
cuocere, preparare (vt)	levaʃel be'mayim rotχim	לְבַשֵל בְּמַיִם רוֹתחִים
cucinare (vi)	levaʃel	לְבַשֵל
friggere (vt)	letagen	לְטַגֵן
riscaldare (vt)	leχamem	לְחַמֵם
salare (vt)	leham'liaχ	לְהַמלִיחַ
pepare (vt)	lefalpel	לְפַלפֵּל
grattugiare (vt)	lerasek	לְרַסֵק
buccia (f)	klipa	קלִיפָּה (נ)
sbucciare (vt)	lekalef	לְקַלֵף

41. Spezie

sale (m)	'melaχ	מֶלַח (ז)
salato (agg)	ma'luaχ	מָלוּחַ
salare (vt)	leham'liaχ	לְהַמלִיחַ
pepe (m) nero	'pilpel ʃaχor	פִּלפֵּל שָחוֹר (ז)
peperoncino (m)	'pilpel adom	פִּלפֵּל אָדוֹם (ז)
senape (f)	χardal	חַרדָל (ז)
cren (m)	χa'zeret	חֲזֶרֶת (נ)
condimento (m)	'rotev	רוֹטֶב (ז)
spezie (f pl)	tavlin	תַבלִין (ז)
salsa (f)	'rotev	רוֹטֶב (ז)
aceto (m)	'χomets	חוֹמֶץ (ז)
anice (m)	kamnon	כַּמנוֹן (ז)
basilico (m)	reχan	רֵיחָן (ז)

chiodi (m pl) di garofano	tsi'poren	ציפּוֹרֶן (ז)
zenzero (m)	'dʒindʒer	ג׳ינג׳ר (ז)
coriandolo (m)	'kusbara	כּוּסבָּרָה (נ)
cannella (f)	kinamon	קינָמוֹן (ז)
sesamo (m)	'ʃumʃum	שוּמשוּם (ז)
alloro (m)	ale dafna	עָלֶה דַפנָה (ז)
paprica (f)	'paprika	פַּפּרִיקָה (נ)
cumino (m)	'kimel	קימֶל (ז)
zafferano (m)	ze'afran	זַעֲפרָן (ז)

42. Pasti

cibo (m)	'oχel	אוֹכֶל (ז)
mangiare (vi, vt)	le'eχol	לֶאֱכוֹל
colazione (f)	aruχat 'boker	אֲרוּחַת בּוֹקֶר (נ)
fare colazione	le'eχol aruχat 'boker	לֶאֱכוֹל אֲרוּחַת בּוֹקֶר
pranzo (m)	aruχat tsaha'rayim	אֲרוּחַת צָהֳרַיִים (נ)
pranzare (vi)	le'eχol aruχat tsaha'rayim	לֶאֱכוֹל אֲרוּחַת צָהֳרַיִים
cena (f)	aruχat 'erev	אֲרוּחַת עֶרֶב (נ)
cenare (vi)	le'eχol aruχat 'erev	לֶאֱכוֹל אֲרוּחַת עֶרֶב
appetito (m)	te'avon	תֵיאָבוֹן (ז)
Buon appetito!	betei'avon!	בְּתֵיאָבוֹן!
aprire (vt)	lif'toaχ	לִפתוֹחַ
rovesciare (~ il vino, ecc.)	liʃpoχ	לִשפּוֹך
rovesciarsi (vr)	lehiʃapeχ	לְהִישָפֵך
bollire (vi)	lir'toaχ	לִרתוֹחַ
far bollire	lehar'tiaχ	לְהַרתִיחַ
bollito (agg)	ra'tuaχ	רָתוּחַ
raffreddare (vt)	lekarer	לְקָרֵר
raffreddarsi (vr)	lehitkarer	לְהִתקָרֵר
gusto (m)	'ta'am	טַעַם (ז)
retrogusto (m)	'ta'am levai	טַעַם לְוַואי (ז)
essere a dieta	lirzot	לִרזוֹת
dieta (f)	di''eta	דִיאֶטָה (נ)
vitamina (f)	vitamin	וִיטָמִין (ז)
caloria (f)	ka'lorya	קָלוֹריָה (נ)
vegetariano (m)	tsimχoni	צִמחוֹנִי (ז)
vegetariano (agg)	tsimχoni	צִמחוֹנִי
grassi (m pl)	ʃumanim	שוּמָנִים (ז״ר)
proteine (f pl)	χelbonim	חֶלבּוֹנִים (ז״ר)
carboidrati (m pl)	paχmema	פַּחמֵימָה (נ)
fetta (f), fettina (f)	prusa	פּרוּסָה (נ)
pezzo (m) (~ di torta)	χatiχa	חָתִיכָה (נ)
briciola (f) (~ di pane)	perur	פֵּירוּר (ז)

43. Preparazione della tavola

cucchiaio (m)	kaf	כַּף (ז)
coltello (m)	sakin	סַכִּין (ז, נ)
forchetta (f)	mazleg	מַזְלֵג (ז)
tazza (f)	'sefel	סֵפֶל (ז)
piatto (m)	tsa'laxat	צַלַּחַת (נ)
piattino (m)	taxtit	תַּחְתִּית (נ)
tovagliolo (m)	mapit	מַפִּית (נ)
stuzzicadenti (m)	keisam ʃi'nayim	קֵיסָם שִׁינַיִים (ז)

44. Ristorante

ristorante (m)	mis'ada	מִסְעָדָה (נ)
caffè (m)	beit kafe	בֵּית קָפֶה (ז)
pub (m), bar (m)	bar, pab	בָּר, פָּאבּ (ז)
sala (f) da tè	beit te	בֵּית תֵּה (ז)
cameriere (m)	meltsar	מֶלְצַר (ז)
cameriera (f)	meltsarit	מֶלְצָרִית (נ)
barista (m)	'barmen	בָּרמֶן (ז)
menù (m)	tafrit	תַּפְרִיט (ז)
lista (f) dei vini	reʃimat yeynot	רְשִׁימַת יֵינוֹת (נ)
prenotare un tavolo	lehazmin ʃulxan	לְהַזְמִין שׁוּלְחָן
piatto (m)	mana	מָנָה (נ)
ordinare (~ il pranzo)	lehazmin	לְהַזְמִין
fare un'ordinazione	lehazmin	לְהַזְמִין
aperitivo (m)	maʃke meta'aven	מַשְׁקֶה מְתַאֲבֵן (ז)
antipasto (m)	meta'aven	מְתַאֲבֵן (ז)
dolce (m)	ki'nuax	קִינוּחַ (ז)
conto (m)	xeʃbon	חֶשְׁבּוֹן (ז)
pagare il conto	leʃalem	לְשַׁלֵּם
dare il resto	latet 'odef	לָתֵת עוֹדֶף
mancia (f)	tip	טִיפּ (ז)

Famiglia, parenti e amici

45. Informazioni personali. Moduli

nome (m)	ʃem	שֵׁם (ז)
cognome (m)	ʃem miʃpaxa	שֵׁם מִשׁפָּחָה (ז)
data (f) di nascita	ta'arix leda	תַּאֲרִיך לֵידָה (ז)
luogo (m) di nascita	mekom leda	מְקוֹם לֵידָה (ז)
nazionalità (f)	le'om	לְאוֹם (ז)
domicilio (m)	mekom megurim	מְקוֹם מְגוּרִים (ז)
paese (m)	medina	מְדִינָה (נ)
professione (f)	mik'tso'a	מִקצוֹעַ (ז)
sesso (m)	min	מִין (ז)
statura (f)	'gova	גוֹבַה (ז)
peso (m)	miʃkal	מִשׁקָל (ז)

46. Membri della famiglia. Parenti

madre (f)	em	אֵם (נ)
padre (m)	av	אָב (ז)
figlio (m)	ben	בֵּן (ז)
figlia (f)	bat	בַּת (נ)
figlia (f) minore	habat haktana	הַבַּת הַקטָנָה (נ)
figlio (m) minore	haben hakatan	הַבֵּן הַקָטָן (ז)
figlia (f) maggiore	habat habxora	הַבַּת הַבּכוֹרָה (נ)
figlio (m) maggiore	haben habxor	הַבֵּן הַבּכוֹר (ז)
fratello (m)	ax	אָח (ז)
fratello (m) maggiore	ax gadol	אָח גָדוֹל (ז)
fratello (m) minore	ax katan	אָח קָטָן (ז)
sorella (f)	axot	אָחוֹת (נ)
sorella (f) maggiore	axot gdola	אָחוֹת גדוֹלָה (נ)
sorella (f) minore	axot ktana	אָחוֹת קטָנָה (נ)
cugino (m)	ben dod	בֶּן דוֹד (ז)
cugina (f)	bat 'doda	בַּת דוֹדָה (נ)
mamma (f)	'ima	אִמָא (נ)
papà (m)	'aba	אַבָּא (ז)
genitori (m pl)	horim	הוֹרִים (ז"ר)
bambino (m)	'yeled	יֶלֶד (ז)
bambini (m pl)	yeladim	יְלָדִים (ז"ר)
nonna (f)	'savta	סָבתָא (נ)
nonno (m)	'saba	סָבָּא (ז)
nipote (m) (figlio di un figlio)	'nexed	נֶכֶד (ז)

44

nipote (f)	neχda	נֶכְדָּה (נ)
nipoti (pl)	neχadim	נְכָדִים (ז"ר)

zio (m)	dod	דּוֹד (ז)
zia (f)	'doda	דּוֹדָה (נ)
nipote (m) (figlio di un fratello)	aχyan	אַחְיָין (ז)
nipote (f)	aχyanit	אַחְיָינִית (נ)

suocera (f)	χamot	חָמוֹת (נ)
suocero (m)	χam	חָם (ז)
genero (m)	χatan	חָתָן (ז)
matrigna (f)	em χoreget	אֵם חוֹרֶגֶת (נ)
patrigno (m)	av χoreg	אָב חוֹרֵג (ז)

neonato (m)	tinok	תִּינוֹק (ז)
infante (m)	tinok	תִּינוֹק (ז)
bimbo (m), ragazzino (m)	pa'ot	פָּעוֹט (ז)

moglie (f)	iʃa	אִשָּׁה (נ)
marito (m)	'ba'al	בַּעַל (ז)
coniuge (m)	ben zug	בֶּן זוּג (ז)
coniuge (f)	bat zug	בַּת זוּג (נ)

sposato (agg)	nasui	נָשׂוּי
sposata (agg)	nesu'a	נְשׂוּאָה
celibe (agg)	ravak	רַוָּק
scapolo (m)	ravak	רַוָּק (ז)
divorziato (agg)	garuʃ	גָּרוּשׁ
vedova (f)	almana	אַלְמָנָה (נ)
vedovo (m)	alman	אַלְמָן (ז)

parente (m)	karov miʃpaχa	קָרוֹב מִשְׁפָּחָה (ז)
parente (m) stretto	karov miʃpaχa	קָרוֹב מִשְׁפָּחָה (ז)
parente (m) lontano	karov raχok	קָרוֹב רָחוֹק (ז)
parenti (m pl)	krovei miʃpaχa	קְרוֹבֵי מִשְׁפָּחָה (ז"ר)

orfano (m)	yatom	יָתוֹם (ז)
orfana (f)	yetoma	יְתוֹמָה (נ)
tutore (m)	apo'tropos	אֲפּוֹטְרוֹפּוֹס (ז)
adottare (~ un bambino)	le'amets	לְאַמֵּץ
adottare (~ una bambina)	le'amets	לְאַמֵּץ

Medicinali

47. Malattie

malattia (f)	maxala	מַחֲלָה (נ)
essere malato	lihyot xole	לִהיוֹת חוֹלֶה
salute (f)	bri'ut	בְּרִיאוּת (נ)
raffreddore (m)	na'zelet	נַזֶלֶת (נ)
tonsillite (f)	da'leket ʃkedim	דַלֶקֶת שְקֵדִים (נ)
raffreddore (m)	hitstanenut	הִצטַנְנוּת (נ)
raffreddarsi (vr)	lehitstanen	לְהִצטַנֵן
bronchite (f)	bron'xitis	בּרוֹנכִיטִיס (ז)
polmonite (f)	da'leket re'ot	דַלֶקֶת רֵיאוֹת (נ)
influenza (f)	ʃa'pa'at	שַפַעַת (נ)
miope (agg)	ktsar re'iya	קצַר רְאִיָה
presbite (agg)	rexok re'iya	רְחוֹק־רְאִיָה
strabismo (m)	pzila	פּזִילָה (נ)
strabico (agg)	pozel	פּוֹזֵל
cateratta (f)	katarakt	קָטָרַקט (ז)
glaucoma (m)	gla'u'koma	גלָאוּקוֹמָה (נ)
ictus (m) cerebrale	ʃavats moxi	שָבָץ מוֹחִי (ז)
attacco (m) di cuore	hetkef lev	הַתקֵף לֵב (ז)
infarto (m) miocardico	'otem ʃrir halev	אוֹטֶם שרִיר הַלֵב (ז)
paralisi (f)	ʃituk	שִיתוּק (ז)
paralizzare (vt)	leʃatek	לְשַתֵק
allergia (f)	a'lergya	אָלֶרגִיָה (נ)
asma (f)	'astma, ka'tseret	אַסתמָה, קַצֶרֶת (נ)
diabete (m)	su'keret	סוּכֶרֶת (נ)
mal (m) di denti	ke'ev ʃi'nayim	כְּאֵב שִינַיִים (ז)
carie (f)	a'ʃeʃet	עַשֶשֶת (נ)
diarrea (f)	ʃilʃul	שִלשוּל (ז)
stitichezza (f)	atsirut	עֲצִירוּת (נ)
disturbo (m) gastrico	kilkul keiva	קִלקוּל קֵיבָה (ז)
intossicazione (f) alimentare	har'alat mazon	הַרעָלַת מָזוֹן (נ)
intossicarsi (vr)	laxatof har'alat mazon	לַחֲטוֹף הַרעָלַת מָזוֹן
artrite (f)	da'leket mifrakim	דַלֶקֶת מִפרָקִים (נ)
rachitide (f)	ra'kexet	רַכֶּכֶת (נ)
reumatismo (m)	ʃigaron	שִיגָרוֹן (ז)
aterosclerosi (f)	ar'teryo skle'rosis	אַרטֶריוֹ־סקלֶרוֹסִיס (ז)
gastrite (f)	da'leket keiva	דַלֶקֶת קֵיבָה (נ)
appendicite (f)	da'leket toseftan	דַלֶקֶת תוֹספּתָן (נ)

colecistite (f)	da'leket kis hamara	דַּלֶּקֶת כִּיס הַמָּרָה (נ)
ulcera (f)	'ulkus, kiv	אוּלְקוּס, כִּיב (ז)
morbillo (m)	xa'tsevet	חַצֶּבֶת (נ)
rosolia (f)	a'demet	אַדֶּמֶת (נ)
itterizia (f)	tsa'hevet	צַהֶבֶת (נ)
epatite (f)	da'leket kaved	דַּלֶּקֶת כָּבֵד (נ)
schizofrenia (f)	sxizo'frenya	סְכִיזוֹפְרֶנְיָה (נ)
rabbia (f)	ka'levet	כַּלֶּבֶת (נ)
nevrosi (f)	noi'roza	נוֹירוֹזָה (נ)
commozione (f) cerebrale	za'a'zu'a 'moax	זַעֲזוּעַ מוֹחַ (ז)
cancro (m)	sartan	סַרְטָן (ז)
sclerosi (f)	ta'refet	טָרֶשֶׁת (נ)
sclerosi (f) multipla	ta'refet nefotsa	טָרֶשֶׁת נְפוֹצָה (נ)
alcolismo (m)	alkoholizm	אַלְכּוֹהוֹלִיזְם (ז)
alcolizzato (m)	alkoholist	אַלְכּוֹהוֹלִיסְט (ז)
sifilide (f)	a'gevet	עַגֶּבֶת (נ)
AIDS (m)	eids	אֵיידְס (ז)
tumore (m)	gidul	גִּידוּל (ז)
maligno (agg)	mam'ir	מַמְאִיר
benigno (agg)	fapir	שָׁפִיר
febbre (f)	ka'daxat	קַדַּחַת (נ)
malaria (f)	ma'larya	מָלַרְיָה (נ)
cancrena (f)	gan'grena	גַּנְגְּרֶנָה (נ)
mal (m) di mare	maxalat yam	מַחֲלַת יָם (נ)
epilessia (f)	maxalat hanefila	מַחֲלַת הַנְּפִילָה (נ)
epidemia (f)	magefa	מַגֵּפָה (נ)
tifo (m)	'tifus	טִיפוּס (ז)
tubercolosi (f)	fa'xefet	שַׁחֶפֶת (נ)
colera (m)	ko'lera	כּוֹלֵרָה (נ)
peste (f)	davar	דֶּבֶר (ז)

48. Sintomi. Cure. Parte 1

sintomo (m)	simptom	סִימְפְּטוֹם (ז)
temperatura (f)	xom	חוֹם (ז)
febbre (f) alta	xom ga'voha	חוֹם גָּבוֹהַּ (ז)
polso (m)	'dofek	דּוֹפֶק (ז)
capogiro (m)	sxar'xoret	סְחַרְחוֹרֶת (נ)
caldo (agg)	xam	חַם
brivido (m)	tsmar'moret	צְמַרְמוֹרֶת (נ)
pallido (un viso ~)	xiver	חִיוֵּר
tosse (f)	fi'ul	שִׁיעוּל (ז)
tossire (vi)	lehifta'el	לְהִשְׁתַּעֵל
starnutire (vi)	lehit'atef	לְהִתְעַטֵּשׁ
svenimento (m)	ilafon	עִילָּפוֹן (ז)

Italiano	Traslitterazione	Ebraico
svenire (vi)	lehit'alef	לְהִתְעַלֵּף
livido (m)	xabura	חַבּוּרָה (נ)
bernoccolo (m)	blita	בְּלִיטָה (נ)
farsi un livido	lekabel maka	לְקַבֵּל מַכָּה
contusione (f)	maka	מַכָּה (נ)
farsi male	lekabel maka	לְקַבֵּל מַכָּה
zoppicare (vi)	lits'lo'a	לִצְלוֹעַ
slogatura (f)	'neka	נֶקַע (ז)
slogarsi (vr)	lin'ko'a	לִנְקוֹעַ
frattura (f)	'ʃever	שֶׁבֶר (ז)
fratturarsi (vr)	liʃbor	לִשְׁבּוֹר
taglio (m)	xatax	חָתָךְ (ז)
tagliarsi (vr)	lehixatex	לְהֵיחָתֵךְ
emorragia (f)	dimum	דִּימוּם (ז)
scottatura (f)	kviya	כְּוִויָה (נ)
scottarsi (vr)	laxatof kviya	לַחֲטוֹף כְּוִויָה
pungere (vt)	lidkor	לִדְקוֹר
pungersi (vr)	lehidaker	לְהִידָּקֵר
ferire (vt)	lif'tso'a	לִפְצוֹעַ
ferita (f)	ptsi'a	פְּצִיעָה (נ)
lesione (f)	'petsa	פֶּצַע (ז)
trauma (m)	'tra'uma	טְרָאוּמָה (נ)
delirare (vi)	lahazot	לַהֲזוֹת
tartagliare (vi)	legamgem	לְגַמְגֵּם
colpo (m) di sole	makat 'ʃemeʃ	מַכַּת שֶׁמֶשׁ (נ)

49. Sintomi. Cure. Parte 2

Italiano	Traslitterazione	Ebraico
dolore (m), male (m)	ke'ev	כְּאֵב (ז)
scheggia (f)	kots	קוֹץ (ז)
sudore (m)	ze'a	זִיעָה (נ)
sudare (vi)	leha'zi'a	לְהַזִּיעַ
vomito (m)	haka'a	הֲקָאָה (נ)
convulsioni (f pl)	pirkusim	פִּירְפּוּסִים (ז"ר)
incinta (agg)	hara	הָרָה
nascere (vi)	lehivaled	לְהִיווָלֵד
parto (m)	leda	לֵידָה (נ)
essere in travaglio di parto	la'ledet	לָלֶדֶת
aborto (m)	hapala	הַפָּלָה (נ)
respirazione (f)	neʃima	נְשִׁימָה (נ)
inspirazione (f)	ʃe'ifa	שְׁאִיפָה (נ)
espirazione (f)	neʃifa	נְשִׁיפָה (נ)
espirare (vi)	linʃof	לִנְשׁוֹף
inspirare (vi)	liʃ'of	לִשְׁאוֹף
invalido (m)	naxe	נָכֶה (ז)
storpio (m)	naxe	נָכֶה (ז)

drogato (m)	narkoman	נַרְקוֹמָן (ז)
sordo (agg)	xereʃ	חֵירֵשׁ
muto (agg)	ilem	אִילֵם
sordomuto (agg)	xereʃ-ilem	חֵירֵשׁ־אִילֵם
matto (agg)	meʃuga	מְשׁוּגָע
matto (m)	meʃuga	מְשׁוּגָע (ז)
matta (f)	meʃu'ga'at	מְשׁוּגַעַת (נ)
impazzire (vi)	lehiʃta'ge'a	לְהִשְׁתַּגֵּעַ
gene (m)	gen	גֵּן (ז)
immunità (f)	xasinut	חֲסִינוּת (נ)
ereditario (agg)	toraʃti	תּוֹרַשְׁתִּי
innato (agg)	mulad	מוּלָד
virus (m)	'virus	וִירוּס (ז)
microbo (m)	xaidak	חַיְידָק (ז)
batterio (m)	bak'terya	בַּקְטֶרְיָה (נ)
infezione (f)	zihum	זִיהוּם (ז)

50. Sintomi. Cure. Parte 3

ospedale (m)	beit xolim	בֵּית חוֹלִים (ז)
paziente (m)	metupal	מְטוּפָּל (ז)
diagnosi (f)	avxana	אַבחָנָה (נ)
cura (f)	ripui	רִיפּוּי (ז)
trattamento (m)	tipul refu'i	טִיפּוּל רְפוּאִי (ז)
curarsi (vr)	lekabel tipul	לְקַבֵּל טִיפּוּל
curare (vt)	letapel be…	לְטַפֵּל בְּ…
accudire (un malato)	letapel be…	לְטַפֵּל בְּ…
assistenza (f)	tipul	טִיפּוּל (ז)
operazione (f)	ni'tuax	נִיתוּחַ (ז)
bendare (vt)	laxboʃ	לַחבּוֹשׁ
fasciatura (f)	xaviʃa	תָבִישָׁה (נ)
vaccinazione (f)	xisun	חִיסוּן (ז)
vaccinare (vt)	lexasen	לְחַסֵן
iniezione (f)	zrika	זְרִיקָה (נ)
fare una puntura	lehazrik	לְהַזרִיק
attacco (m) (~ epilettico)	hetkef	הֶתקֵף (ז)
amputazione (f)	kti'a	קְטִיעָה (נ)
amputare (vt)	lik'to'a	לִקטוֹעַ
coma (m)	tar'demet	תַּרדֶמֶת (נ)
essere in coma	lihyot betar'demet	לִהיוֹת בְּתַרדֶמֶת
rianimazione (f)	tipul nimrats	טִיפּוּל נִמרָץ (ז)
guarire (vi)	lehaxlim	לְהַחלִים
stato (f) (del paziente)	matsav	מַצָב (ז)
conoscenza (f)	hakara	הַכָּרָה (נ)
memoria (f)	zikaron	זִיכָּרוֹן (ז)
estrarre (~ un dente)	la'akor	לַעֲקוֹר

otturazione (f)	stima	סְתִימָה (נ)
otturare (vt)	la'asot stima	לַעֲשׂוֹת סְתִימָה
ipnosi (f)	hip'noza	הִיפְּנוֹזָה (נ)
ipnotizzare (vt)	lehapnet	לְהַפְנֵט

51. Medici

medico (m)	rofe	רוֹפֵא (ז)
infermiera (f)	aχot	אָחוֹת (נ)
medico (m) personale	rofe iʃi	רוֹפֵא אִישִׁי (ז)
dentista (m)	rofe ʃi'nayim	רוֹפֵא שִׁינַיִים (ז)
oculista (m)	rofe ei'nayim	רוֹפֵא עֵינַיִים (ז)
internista (m)	rofe pnimi	רוֹפֵא פְּנִימִי (ז)
chirurgo (m)	kirurg	כִּירוּרְג (ז)
psichiatra (m)	psiχi"ater	פְּסִיכִיאָטֵר (ז)
pediatra (m)	rofe yeladim	רוֹפֵא יְלָדִים (ז)
psicologo (m)	psiχolog	פְּסִיכוֹלוֹג (ז)
ginecologo (m)	rofe naʃim	רוֹפֵא נָשִׁים (ז)
cardiologo (m)	kardyolog	קַרְדְיוֹלוֹג (ז)

52. Medicinali. Farmaci. Accessori

medicina (f)	trufa	תְּרוּפָה (נ)
rimedio (m)	trufa	תְּרוּפָה (נ)
prescrivere (vt)	lirʃom	לִרְשׁוֹם
prescrizione (f)	mirʃam	מִרְשָׁם (ז)
compressa (f)	kadur	כַּדוּר (ז)
unguento (m)	miʃχa	מִשְׁחָה (נ)
fiala (f)	'ampula	אַמְפּוּלָה (נ)
pozione (f)	ta'a'rovet	תַּעֲרוֹבֶת (נ)
sciroppo (m)	sirop	סִירוֹפּ (ז)
pillola (f)	gluya	גְלוּיָה (נ)
polverina (f)	avka	אַבְקָה (נ)
benda (f)	taχ'boʃet 'gaza	תַּחְבּוֹשֶׁת גָּאזָה (נ)
ovatta (f)	'tsemer 'gefen	צֶמֶר גֶּפֶן (ז)
iodio (m)	yod	יוֹד (ז)
cerotto (m)	'plaster	פְּלַסְטֵר (ז)
contagocce (m)	taf'tefet	טַפְטֶפֶת (נ)
termometro (m)	madχom	מַדְחוֹם (ז)
siringa (f)	mazrek	מַזְרֵק (ז)
sedia (f) a rotelle	kise galgalim	כִּיסֵא גַּלְגַלִים (ז)
stampelle (f pl)	ka'bayim	קַבַּיִים (ז"ר)
analgesico (m)	meʃakeχ ke'evim	מְשַׁכֵּךְ כְּאֵבִים (ז)
lassativo (m)	trufa meʃal'ʃelet	תְּרוּפָה מְשַׁלְשֶׁלֶת (נ)

alcol (m)	'kohal	כּוֹהַל (ז)
erba (f) officinale	isvei marpe	עִשְׂבֵי מַרְפֵּא (ז"ר)
d'erbe (infuso ~)	ʃel asavim	שֶׁל עֲשָׂבִים

HABITAT UMANO

Città

53. Città. Vita di città

Italiano	Traslitterazione	Ebraico
città (f)	ir	עִיר (נ)
capitale (f)	ir bira	עִיר בִּירָה (נ)
villaggio (m)	kfar	כְּפָר (ז)
mappa (f) della città	mapat ha'ir	מַפַּת הָעִיר (נ)
centro (m) della città	merkaz ha'ir	מֶרכַּז הָעִיר (ז)
sobborgo (m)	parvar	פַּרוָור (ז)
suburbano (agg)	parvari	פַּרוָורִי
periferia (f)	parvar	פַּרוָור (ז)
dintorni (m pl)	svivot	סבִיבוֹת (נ״ר)
isolato (m)	ʃxuna	שכוּנָה (נ)
quartiere residenziale	ʃxunat megurim	שכוּנַת מְגוּרִים (נ)
traffico (m)	tnu'a	תנוּעָה (נ)
semaforo (m)	ramzor	רַמזוֹר (ז)
trasporti (m pl) urbani	taxbura tsiburit	תַחבּוּרָה צִיבּוּרִית (נ)
incrocio (m)	'tsomet	צוֹמֶת (ז)
passaggio (m) pedonale	ma'avar xatsaya	מַעֲבַר חָצָיָה (ז)
sottopassaggio (m)	ma'avar tat karka'i	מַעֲבָר תַת־קַרקָעִי (ז)
attraversare (vt)	laxatsot	לַחֲצוֹת
pedone (m)	holex 'regel	הוֹלֵך רֶגֶל (ז)
marciapiede (m)	midraxa	מִדרָכָה (נ)
ponte (m)	'geʃer	גֶשֶר (ז)
banchina (f)	ta'yelet	טַיֶילֶת (נ)
fontana (f)	mizraka	מִזרָקָה (נ)
vialetto (m)	sdera	שֹדֵרָה (נ)
parco (m)	park	פַּארק (ז)
boulevard (m)	sdera	שֹדֵרָה (נ)
piazza (f)	kikar	כִּיכָּר (נ)
viale (m), corso (m)	rexov raʃi	רְחוֹב רָאשִי (ז)
via (f), strada (f)	rexov	רְחוֹב (ז)
vicolo (m)	simta	סִמטָה (נ)
vicolo (m) cieco	mavoi satum	מָבוֹי סָתוּם (ז)
casa (f)	'bayit	בַּיִת (ז)
edificio (m)	binyan	בִּניָין (ז)
grattacielo (m)	gored ʃxakim	גוֹרֵד שֹחָקִים (ז)
facciata (f)	xazit	חָזִית (נ)
tetto (m)	gag	גַג (ז)

finestra (f)	χalon	חַלּוֹן (ז)
arco (m)	'keʃet	קֶשֶׁת (נ)
colonna (f)	amud	עַמּוּד (ז)
angolo (m)	pina	פִּינָה (נ)
vetrina (f)	χalon ra'ava	חַלּוֹן רַאֲוָוה (ז)
insegna (f) (di negozi, ecc.)	'ʃelet	שֶׁלֶט (ז)
cartellone (m)	kraza	כְּרָזָה (נ)
cartellone (m) pubblicitario	'poster	פּוֹסְטֶר (ז)
tabellone (m) pubblicitario	'luaχ pirsum	לוּחַ פִּרְסוּם (ז)
pattume (m), spazzatura (f)	'zevel	זֶבֶל (ז)
pattumiera (f)	paχ aʃpa	פַּח אַשְׁפָּה (ז)
sporcare (vi)	lelaχleχ	לְלַכְלֵךְ
discarica (f) di rifiuti	mizbala	מִזְבָּלָה (נ)
cabina (f) telefonica	ta 'telefon	תָּא טֶלֶפוֹן (ז)
lampione (m)	amud panas	עַמּוּד פָּנָס (ז)
panchina (f)	safsal	סַפְסָל (ז)
poliziotto (m)	ʃoter	שׁוֹטֵר (ז)
polizia (f)	miʃtara	מִשְׁטָרָה (נ)
mendicante (m)	kabtsan	קַבְּצָן (ז)
barbone (m)	χasar 'bayit	חֲסַר בַּיִת (ז)

54. Servizi cittadini

negozio (m)	χanut	חֲנוּת (נ)
farmacia (f)	beit mir'kaχat	בֵּית מִרְקַחַת (ז)
ottica (f)	χanut miʃka'fayim	חֲנוּת מִשְׁקָפַיִים (נ)
centro (m) commerciale	kanyon	קַנְיוֹן (ז)
supermercato (m)	super'market	סוּפֶּרְמַרְקֶט (ז)
panetteria (f)	ma'afiya	מַאֲפִיָּיה (נ)
fornaio (m)	ofe	אוֹפֶה (ז)
pasticceria (f)	χanut mamtakim	חֲנוּת מַמְתַּקִּים (נ)
drogheria (f)	ma'kolet	מַכּוֹלֶת (נ)
macelleria (f)	itliz	אִטְלִיז (ז)
fruttivendolo (m)	χanut perot viyerakot	חֲנוּת פֵּירוֹת וִירָקוֹת (נ)
mercato (m)	ʃuk	שׁוּק (ז)
caffè (m)	beit kafe	בֵּית קָפֶה (ז)
ristorante (m)	mis'ada	מִסְעָדָה (נ)
birreria (f), pub (m)	pab	פָּאבּ (ז)
pizzeria (f)	pi'tseriya	פִּיצֶרְיָיה (נ)
salone (m) di parrucchiere	mispara	מִסְפָּרָה (נ)
ufficio (m) postale	'do'ar	דּוֹאַר (ז)
lavanderia (f) a secco	nikui yaveʃ	נִיקּוּי יָבֵשׁ (ז)
studio (m) fotografico	'studyo letsilum	סְטוּדְיוֹ לְצִילּוּם (ז)
negozio (m) di scarpe	χanut na'a'layim	חֲנוּת נַעֲלַיִים (נ)
libreria (f)	χanut sfarim	חֲנוּת סְפָרִים (נ)

negozio (m) sportivo	χanut sport	חֲנוּת סְפּוֹרט (נ)
riparazione (f) di abiti	χanut tikun bgadim	חֲנוּת תִּיקוּן בְּגָדִים (נ)
noleggio (m) di abiti	χanut haskarat bgadim	חֲנוּת הַשְׂכָּרַת בְּגָדִים (נ)
noleggio (m) di film	χanut haʃalat sratim	חֲנוּת הַשְׁאָלַת סְרָטִים (נ)
circo (m)	kirkas	קִרְקָס (ז)
zoo (m)	gan hayot	גַּן חַיּוֹת (ז)
cinema (m)	kol'no'a	קוֹלְנוֹעַ (ז)
museo (m)	muze'on	מוּזֵיאוֹן (ז)
biblioteca (f)	sifriya	סִפְרִיָּה (נ)
teatro (m)	te'atron	תֵּיאַטְרוֹן (ז)
teatro (m) dell'opera	beit 'opera	בֵּית אוֹפֵּרָה (ז)
locale notturno (m)	mo'adon 'laila	מוֹעֲדוֹן לַיְלָה (ז)
casinò (m)	ka'zino	קָזִינוֹ (ז)
moschea (f)	misgad	מִסְגָּד (ז)
sinagoga (f)	beit 'kneset	בֵּית כְּנֶסֶת (ז)
cattedrale (f)	kated'rala	קָתֶדְרָלָה (נ)
tempio (m)	mikdaʃ	מִקְדָּשׁ (ז)
chiesa (f)	knesiya	כְּנֵסִיָּה (נ)
istituto (m)	miχlala	מִכְלָלָה (נ)
università (f)	uni'versita	אוּנִיבֶרְסִיטָה (נ)
scuola (f)	beit 'sefer	בֵּית סֵפֶר (ז)
prefettura (f)	maχoz	מָחוֹז (ז)
municipio (m)	iriya	עִירִיָּה (נ)
albergo, hotel (m)	beit malon	בֵּית מָלוֹן (ז)
banca (f)	bank	בַּנְק (ז)
ambasciata (f)	ʃagrirut	שַׁגְרִירוּת (נ)
agenzia (f) di viaggi	soχnut nesi'ot	סוֹכְנוּת נְסִיעוֹת (נ)
ufficio (m) informazioni	modi'in	מוֹדִיעִין (ז)
ufficio (m) dei cambi	misrad hamarat mat'be'a	מִשְׂרַד הֲמָרַת מַטְבֵּעַ (ז)
metropolitana (f)	ra'kevet taχtit	רַכֶּבֶת תַּחְתִּית (נ)
ospedale (m)	beit χolim	בֵּית חוֹלִים (ז)
distributore (m) di benzina	taχanat 'delek	תַּחֲנַת דֶּלֶק (נ)
parcheggio (m)	migraʃ χanaya	מִגְרַשׁ חֲנָיָה (ז)

55. Cartelli

insegna (f) (di negozi, ecc.)	'ʃelet	שֶׁלֶט (ז)
iscrizione (f)	moda'a	מוֹדָעָה (נ)
cartellone (m)	'poster	פּוֹסְטֶר (ז)
segnale (m) di direzione	tamrur	תַּמְרוּר (ז)
freccia (f)	χets	חֵץ (ז)
avvertimento (m)	azhara	אַזְהָרָה (נ)
avviso (m)	'ʃelet azhara	שֶׁלֶט אַזְהָרָה (ז)
avvertire, avvisare (vt)	lehazhir	לְהַזְהִיר
giorno (m) di riposo	yom 'χofeʃ	יוֹם חוֹפֶשׁ (ז)

orario (m)	'luax zmanim	לוּחַ זְמַנִּים (ז)
orario (m) di apertura	ʃaʻot avoda	שְׁעוֹת עֲבוֹדָה (נ"ר)
BENVENUTI!	bruxim haba'im!	בְּרוּכִים הַבָּאִים!
ENTRATA	knisa	כְּנִיסָה
USCITA	yetsi'a	יְצִיאָה
SPINGERE	dxof	דְּחוֹף
TIRARE	mʃox	מְשׁוֹך
APERTO	pa'tuax	פָּתוּחַ
CHIUSO	sagur	סָגוּר
DONNE	lenaʃim	לְנָשִׁים
UOMINI	legvarim	לִגְבָרִים
SCONTI	hanaxot	הֲנָחוֹת
SALDI	mivtsa	מִבְצָע
NOVITÀ!	xadaʃ!	חָדָשׁ!
GRATIS	xinam	חִינָּם
ATTENZIONE!	sim lev!	שִׂים לֵב!
COMPLETO	ein makom panui	אֵין מָקוֹם פָּנוּי
RISERVATO	ʃamur	שָׁמוּר
AMMINISTRAZIONE	hanhala	הַנְהָלָה
RISERVATO AL PERSONALE	leʻovdim bilvad	לְעוֹבְדִים בִּלְבָד
ATTENTI AL CANE	zehirut 'kelev noʃex!	זְהִירוּת, כֶּלֶב נוֹשֵׁך!
VIETATO FUMARE!	asur leʻaʃen!	אָסוּר לְעַשֵּׁן!
NON TOCCARE	lo lagaat!	לֹא לָגַעַת!
PERICOLOSO	mesukan	מְסוּכָּן
PERICOLO	sakana	סַכָּנָה
ALTA TENSIONE	'metax ga'voha	מֶתַח גָּבוֹהַּ
DIVIETO DI BALNEAZIONE	haraxatsa asura!	הַרְחָצָה אֲסוּרָה!
GUASTO	lo oved	לֹא עוֹבֵד
INFIAMMABILE	dalik	דָּלִיק
VIETATO	asur	אָסוּר
VIETATO L'INGRESSO	asur laʻavor	אָסוּר לַעֲבוֹר
VERNICE FRESCA	'tseva lax	צֶבַע לַח

56. Mezzi pubblici in città

autobus (m)	'otobus	אוֹטוֹבּוּס (ז)
tram (m)	ra'kevet kala	רַכֶּבֶת קַלָּה (נ)
filobus (m)	tro'leibus	טְרוֹלֵיבּוּס (ז)
itinerario (m)	maslul	מַסְלוּל (ז)
numero (m)	mispar	מִסְפָּר (ז)
andare in …	lin'soʻa be…	לִנְסוֹעַ בְּ…
salire (~ sull'autobus)	laʻalot	לַעֲלוֹת
scendere da …	la'redet mi…	לָרֶדֶת מִ…

fermata (f) (~ dell'autobus)	taxana	תַחֲנָה (נ)
prossima fermata (f)	hataxana haba'a	הַתַחֲנָה הַבָּאָה (נ)
capolinea (m)	hataxana ha'axrona	הַתַחֲנָה הָאַחרוֹנָה (נ)
orario (m)	'luax zmanim	לוּחַ זמַנִים (ז)
aspettare (vt)	lehamtin	לְהַמתִין
biglietto (m)	kartis	כַּרטִיס (ז)
prezzo (m) del biglietto	mexir hanesiya	מְחִיר הַנְסִיעָה (ז)
cassiere (m)	kupai	קוּפַאי (ז)
controllo (m) dei biglietti	bi'koret kartisim	בִּיקוֹרֶת כַּרטִיסִים (נ)
bigliettaio (m)	mevaker	מְבַקֵר (ז)
essere in ritardo	le'axer	לְאַחֵר
perdere (~ il treno)	lefasfes	לְפַספֵס
avere fretta	lemaher	לְמַהֵר
taxi (m)	monit	מוֹנִית (נ)
taxista (m)	nahag monit	נַהָג מוֹנִית (ז)
in taxi	bemonit	בְּמוֹנִית
parcheggio (m) di taxi	taxanat moniyot	תַחֲנַת מוֹנִיוֹת (נ)
chiamare un taxi	lehazmin monit	לְהַזמִין מוֹנִית
prendere un taxi	la'kaxat monit	לָקַחַת מוֹנִית
traffico (m)	tnu'a	תנוּעָה (נ)
ingorgo (m)	pkak	פּקָק (ז)
ore (f pl) di punta	ʃa'ot 'omes	שְׁעוֹת עוֹמֶס (נ״ר)
parcheggiarsi (vr)	laxanot	לַחֲנוֹת
parcheggiare (vt)	lehaxnot	לְהַחנוֹת
parcheggio (m)	xanaya	חֲנָיָה (נ)
metropolitana (f)	ra'kevet taxtit	רַכֶּבֶת תַחתִית (נ)
stazione (f)	taxana	תַחֲנָה (נ)
prendere la metropolitana	lin'so'a betaxtit	לִנסוֹעַ בְּתַחתִית
treno (m)	ra'kevet	רַכֶּבֶת (נ)
stazione (f) ferroviaria	taxanat ra'kevet	תַחֲנַת רַכֶּבֶת (נ)

57. Visita turistica

monumento (m)	an'darta	אַנדַרטָה (נ)
fortezza (f)	mivtsar	מִבצָר (ז)
palazzo (m)	armon	אַרמוֹן (ז)
castello (m)	tira	טִירָה (נ)
torre (f)	migdal	מִגדָל (ז)
mausoleo (m)	ma'uzo'le'um	מָאוֹזוֹלֵיאוּם (ז)
architettura (f)	adrixalut	אַדרִיכָלוּת (נ)
medievale (agg)	benaimi	בֵּינַיימִי
antico (agg)	atik	עַתִיק
nazionale (agg)	le'umi	לְאוּמִי
famoso (agg)	mefursam	מְפוּרסָם
turista (m)	tayar	תַייָר (ז)
guida (f)	madrix tiyulim	מַדרִיך טִיוּלִים (ז)

Italiano	Traslitterazione	Ebraico
escursione (f)	tiyul	טִיוּל (ז)
fare vedere	lehar'ot	לְהַרְאוֹת
raccontare (vt)	lesaper	לְסַפֵּר
trovare (vt)	limtso	לִמְצוֹא
perdersi (vr)	la'lexet le'ibud	לָלֶכֶת לְאִיבּוּד
mappa (f) (~ della metropolitana)	mapa	מַפָּה (נ)
piantina (f) (~ della città)	tarʃim	תַרשִׁים (ז)
souvenir (m)	maz'keret	מַזכֶּרֶת (נ)
negozio (m) di articoli da regalo	xanut matanot	חֲנוּת מַתָנוֹת (נ)
fare foto	letsalem	לְצַלֵם
fotografarsi	lehitstalem	לְהִצטַלֵם

58. Acquisti

Italiano	Traslitterazione	Ebraico
comprare (vt)	liknot	לִקנוֹת
acquisto (m)	kniya	קנִייָה (נ)
fare acquisti	la'lexet lekniyot	לָלֶכֶת לִקנִיוֹת
shopping (m)	arixat kniyot	עֲרִיכַת קנִיוֹת (נ)
essere aperto (negozio)	pa'tuax	פָּתוּחַ
essere chiuso	sagur	סָגוּר
calzature (f pl)	na'a'layim	נַעֲלַיִים (נ"ר)
abbigliamento (m)	bgadim	בּגָדִים (ז"ר)
cosmetica (f)	tamrukim	תַמרוּקִים (ז"ר)
alimentari (m pl)	mutsrei mazon	מוּצרֵי מָזוֹן (ז"ר)
regalo (m)	matana	מַתָנָה (נ)
commesso (m)	moxer	מוֹכֵר (ז)
commessa (f)	mo'xeret	מוֹכֶרֶת (נ)
cassa (f)	kupa	קוּפָּה (נ)
specchio (m)	mar'a	מַראָה (נ)
banco (m)	duxan	דוּכָן (ז)
camerino (m)	'xeder halbaʃa	חֲדָר הַלבָּשָׁה (ז)
provare (~ un vestito)	limdod	לִמדוֹד
stare bene (vestito)	lehat'im	לְהַתאִים
piacere (vi)	limtso xen be'ei'nayim	לִמצוֹא חֵן בְּעֵינַיִים
prezzo (m)	mexir	מְחִיר (ז)
etichetta (f) del prezzo	tag mexir	תָג מְחִיר (ז)
costare (vt)	la'alot	לַעֲלוֹת
Quanto?	'kama?	כַּמָה?
sconto (m)	hanaxa	הֲנָחָה (נ)
no muy caro (agg)	lo yakar	לֹא יָקָר
a buon mercato	zol	זוֹל
caro (agg)	yakar	יָקָר
È caro	ze yakar	זֶה יָקָר

noleggio (m)	haskara	הַשְׂכָּרָה (נ)
noleggiare (~ un abito)	liskor	לִשְׂכּוֹר
credito (m)	aʃrai	אַשְׁרַאי (ז)
a credito	be'aʃrai	בְּאַשְׁרַאי

59. Denaro

soldi (m pl)	'kesef	כֶּסֶף (ז)
cambio (m)	hamara	הֲמָרָה (נ)
corso (m) di cambio	'ʃa'ar xalifin	שַׁעַר חֲלִיפִין (ז)
bancomat (m)	kaspomat	כַּסְפּוֹמָט (ז)
moneta (f)	mat'be'a	מַטְבֵּעַ (ז)
dollaro (m)	'dolar	דּוֹלָר (ז)
euro (m)	'eiro	אֵירוֹ (ז)
lira (f)	'lira	לִירָה (נ)
marco (m)	mark germani	מַרק גֶּרְמָנִי (ז)
franco (m)	frank	פְרַנק (ז)
sterlina (f)	'lira 'sterling	לִירָה שְׁטֶרלִינג (נ)
yen (m)	yen	יֶן (ז)
debito (m)	xov	חוֹב (ז)
debitore (m)	'ba'al xov	בַּעַל חוֹב (ז)
prestare (~ i soldi)	lehalvot	לְהַלווֹת
prendere in prestito	lilvot	לִלווֹת
banca (f)	bank	בַּנק (ז)
conto (m)	xeʃbon	חֶשְׁבּוֹן (ז)
versare (vt)	lehafkid	לְהַפְקִיד
versare sul conto	lehafkid lexeʃbon	לְהַפְקִיד לְחָשבּוֹן
prelevare dal conto	limʃox mexeʃbon	לִמְשׁוֹך מֵחָשְׁבּוֹן
carta (f) di credito	kartis aʃrai	כַּרְטִיס אַשְׁרַאי (ז)
contanti (m pl)	mezuman	מְזוּמָן
assegno (m)	tʃek	צֶ'ק (ז)
emettere un assegno	lixtov tʃek	לִכְתוֹב צֶ'ק
libretto (m) di assegni	pinkas 'tʃekim	פִּנקַס צֶ'קִים (ז)
portafoglio (m)	arnak	אַרְנָק (ז)
borsellino (m)	arnak lematbe''ot	אַרְנָק לְמַטְבְּעוֹת (ז)
cassaforte (f)	ka'sefet	כַּסֶּפֶת (נ)
erede (m)	yoreʃ	יוֹרֵשׁ (ז)
eredità (f)	yeruʃa	יְרוּשָׁה (נ)
fortuna (f)	'oʃer	עוֹשֶׁר (ז)
affitto (m), locazione (f)	xoze sxirut	חוֹזֶה שְׂכִירוּת (ז)
canone (m) d'affitto	sxar dira	שְׂכַר דִּירָה (ז)
affittare (dare in affitto)	liskor	לִשְׂכּוֹר
prezzo (m)	mexir	מְחִיר (ז)
costo (m)	alut	עָלוּת (נ)
somma (f)	sxum	סכוּם (ז)

spendere (vt)	lehotsi	לְהוֹצִיא
spese (f pl)	hotsa'ot	הוֹצָאוֹת (נ״ר)
economizzare (vi, vt)	laxasox	לַחֲסוֹךְ
economico (agg)	xesxoni	חָסְכוֹנִי
pagare (vi, vt)	leʃalem	לְשַׁלֵם
pagamento (m)	taʃlum	תַשְׁלוּם (ז)
resto (m) (dare il ~)	'odef	עוֹדֶף (ז)
imposta (f)	mas	מַס (ז)
multa (f), ammenda (f)	knas	קְנָס (ז)
multare (vt)	liknos	לִקְנוֹס

60. Posta. Servizio postale

ufficio (m) postale	'do'ar	דוֹאַר (ז)
posta (f) (lettere, ecc.)	'do'ar	דוֹאַר (ז)
postino (m)	davar	דַוָור (ז)
orario (m) di apertura	ʃa'ot avoda	שְׁעוֹת עֲבוֹדָה (נ״ר)
lettera (f)	mixtav	מִכְתָב (ז)
raccomandata (f)	mixtav raʃum	מִכְתָב רָשׁוּם (ז)
cartolina (f)	gluya	גְלוּיָה (נ)
telegramma (m)	mivrak	מִבְרָק (ז)
pacco (m) postale	xavila	חֲבִילָה (נ)
vaglia (m) postale	ha'avarat ksafim	הַעֲבָרַת כְּסָפִים (נ)
ricevere (vt)	lekabel	לְקַבֵּל
spedire (vt)	liʃloax	לִשְׁלוֹחַ
invio (m)	ʃlixa	שְׁלִיחָה (נ)
indirizzo (m)	'ktovet	כְּתוֹבֶת (נ)
codice (m) postale	mikud	מִיקוּד (ז)
mittente (m)	ʃo'leax	שׁוֹלֵחַ (ז)
destinatario (m)	nim'an	נִמְעָן (ז)
nome (m)	ʃem prati	שֵׁם פְּרָטִי (ז)
cognome (m)	ʃem miʃpaxa	שֵׁם מִשְׁפָּחָה (ז)
tariffa (f)	ta'arif	תַעֲרִיף (ז)
ordinario (agg)	ragil	רָגִיל
standard (agg)	xesxoni	חָסְכוֹנִי
peso (m)	miʃkal	מִשְׁקָל (ז)
pesare (vt)	liʃkol	לִשְׁקוֹל
busta (f)	ma'atafa	מַעֲטָפָה (נ)
francobollo (m)	bul 'do'ar	בּוּל דוֹאַר (ז)
affrancare (vt)	lehadbik bul	לְהַדְבִּיק בּוּל

Abitazione. Casa

61. Casa. Elettricità

elettricità (f)	χaʃmal	חַשְׁמַל (ז)
lampadina (f)	nura	נוּרָה (נ)
interruttore (m)	'meteg	מֶתֶג (ז)
fusibile (m)	natiχ	נָתִיךְ (ז)
filo (m)	χut	חוּט (ז)
impianto (m) elettrico	χivut	חִיווּט (ז)
contatore (m) dell'elettricità	mone χaʃmal	מוֹנֵה חַשְׁמַל (ז)
lettura, indicazione (f)	kri'a	קְרִיאָה (נ)

62. Villa. Palazzo

casa (f) di campagna	'bayit bakfar	בַּיִת בַּכְּפָר (ז)
villa (f)	'vila	וִילָה (נ)
ala (f)	agaf	אָגָף (ז)
giardino (m)	gan	גַן (ז)
parco (m)	park	פַּארק (ז)
serra (f)	χamama	חָמָמָה (נ)
prendersi cura (~ del giardino)	legadel	לְגַדֵל
piscina (f)	breχat sχiya	בְּרֵיכַת שְׂחִייָה (נ)
palestra (f)	'χeder 'koʃer	חֶדֶר כּוֹשֶׁר (ז)
campo (m) da tennis	migraʃ 'tenis	מִגְרַשׁ טֶנִיס (ז)
home cinema (m)	'χeder hakrana beiti	חֶדֶר הַקְרָנָה בֵּיתִי (ז)
garage (m)	musaχ	מוּסָךְ (ז)
proprietà (f) privata	reχuʃ prati	רְכוּשׁ פְּרָטִי (ז)
terreno (m) privato	'ʃetaχ prati	שֶׁטַח פְּרָטִי (ז)
avvertimento (m)	azhara	אַזְהָרָה (נ)
cartello (m) di avvertimento	'ʃelet azhara	שֶׁלֶט אַזְהָרָה (ז)
sicurezza (f)	avtaχa	אַבְטָחָה (נ)
guardia (f) giurata	ʃomer	שׁוֹמֵר (ז)
allarme (f) antifurto	ma'a'reχet az'aka	מַעֲרֶכֶת אַזְעָקָה (נ)

63. Appartamento

appartamento (m)	dira	דִירָה (נ)
camera (f), stanza (f)	'χeder	חֶדֶר (ז)

camera (f) da letto	χadar ʃena	חֲדַר שֵׁינָה (ז)
sala (f) da pranzo	pinat 'oχel	פִּינַת אוֹכֶל (נ)
salotto (m)	salon	סָלוֹן (ז)
studio (m)	χadar avoda	חֲדַר עֲבוֹדָה (ז)
ingresso (m)	prozdor	פְּרוֹזדוֹר (ז)
bagno (m)	χadar am'batya	חֲדַר אַמבַּטיָה (ז)
gabinetto (m)	ʃerutim	שֵׁירוּתִים (ז"ר)
soffitto (m)	tikra	תִקרָה (נ)
pavimento (m)	ritspa	רִצפָּה (נ)
angolo (m)	pina	פִּינָה (נ)

64. Arredamento. Interno

mobili (m pl)	rehitim	רָהִיטִים (ז"ר)
tavolo (m)	ʃulχan	שׁוּלחָן (ז)
sedia (f)	kise	כִּסֵא (ז)
letto (m)	mita	מִיטָה (נ)
divano (m)	sapa	סַפָּה (נ)
poltrona (f)	kursa	כּוּרסָה (נ)
libreria (f)	aron sfarim	אֲרוֹן סְפָרִים (ז)
ripiano (m)	madaf	מַדָף (ז)
armadio (m)	aron bgadim	אֲרוֹן בְּגָדִים (ז)
attaccapanni (m) da parete	mitle	מִתלֶה (ז)
appendiabiti (m) da terra	mitle	מִתלֶה (ז)
comò (m)	ʃida	שִׁידָה (נ)
tavolino (m) da salotto	ʃulχan itonim	שׁוּלחַן עִיתוֹנִים (ז)
specchio (m)	mar'a	מַרְאָה (נ)
tappeto (m)	ʃa'tiaχ	שָׁטִיחַ (ז)
tappetino (m)	ʃa'tiaχ	שָׁטִיחַ (ז)
camino (m)	aχ	אָח (נ)
candela (f)	ner	נֵר (ז)
candeliere (m)	pamot	פָּמוֹט (ז)
tende (f pl)	vilonot	וִילוֹנוֹת (ז"ר)
carta (f) da parati	tapet	טַפֶּט (ז)
tende (f pl) alla veneziana	trisim	תרִיסִים (ז"ר)
lampada (f) da tavolo	menorat ʃulχan	מְנוֹרַת שׁוּלחָן (נ)
lampada (f) da parete	menorat kir	מְנוֹרַת קִיר (נ)
lampada (f) a stelo	menora o'medet	מְנוֹרָה עוֹמֶדֶת (נ)
lampadario (m)	niv'reʃet	נִברֶשֶׁת (נ)
gamba (f)	'regel	רֶגֶל (נ)
bracciolo (m)	miʃ'enet yad	מִשׁעֶנֶת יָד (נ)
spalliera (f)	miʃ'enet	מִשׁעֶנֶת (נ)
cassetto (m)	megera	מְגֵירָה (נ)

65. Biancheria da letto

biancheria (f) da letto	matsa'im	מַצָּעִים (ז"ר)
cuscino (m)	karit	כָּרִית (נ)
federa (f)	tsipit	צִיפִּית (נ)
coperta (f)	smiχa	שְׂמִיכָה (נ)
lenzuolo (m)	sadin	סָדִין (ז)
copriletto (m)	kisui mita	כִּיסּוּי מִיטָּה (ז)

66. Cucina

cucina (f)	mitbaχ	מִטְבָּח (ז)
gas (m)	gaz	גָּז (ז)
fornello (m) a gas	tanur gaz	תַּנּוּר גָּז (ז)
fornello (m) elettrico	tanur χaʃmali	תַּנּוּר חַשְׁמַלִּי (ז)
forno (m)	tanur afiya	תַּנּוּר אֲפִיָּה (ז)
forno (m) a microonde	mikrogal	מִיקְרוֹגַל (ז)
frigorifero (m)	mekarer	מְקָרֵר (ז)
congelatore (m)	makpi	מַקְפִּיא (ז)
lavastoviglie (f)	me'diaχ kelim	מֵדִיחַ כֵּלִים (ז)
tritacarne (m)	matχenat basar	מַטְחֲנַת בָּשָׂר (נ)
spremifrutta (m)	masχeta	מַסְחֵטָה (נ)
tostapane (m)	'toster	טוֹסְטֶר (ז)
mixer (m)	'mikser	מִיקְסֶר (ז)
macchina (f) da caffè	meχonat kafe	מְכוֹנַת קָפֶה (נ)
caffettiera (f)	findʒan	פִינְגָ׳אן (ז)
macinacaffè (m)	matχenat kafe	מַטְחֲנַת קָפֶה (נ)
bollitore (m)	kumkum	קוּמְקוּם (ז)
teiera (f)	kumkum	קוּמְקוּם (ז)
coperchio (m)	miχse	מִכְסֶה (ז)
colino (m) da tè	mis'nenet te	מְסַנֶּנֶת תָּה (נ)
cucchiaio (m)	kaf	כַּף (נ)
cucchiaino (m) da tè	kapit	כַּפִּית (נ)
cucchiaio (m)	kaf	כַּף (נ)
forchetta (f)	mazleg	מַזְלֵג (ז)
coltello (m)	sakin	סַכִּין (נ, ז)
stoviglie (f pl)	kelim	כֵּלִים (ז"ר)
piatto (m)	tsa'laχat	צַלַּחַת (נ)
piattino (m)	taχtit	תַּחְתִּית (נ)
cicchetto (m)	kosit	כּוֹסִית (נ)
bicchiere (m) (~ d'acqua)	kos	כּוֹס (נ)
tazzina (f)	'sefel	סֵפֶל (ז)
zuccheriera (f)	mis'keret	מִסְכֶּרֶת (נ)
saliera (f)	milχiya	מִלְחִיָּה (נ)
pepiera (f)	pilpeliya	פִּלְפְּלִיָּה (נ)

burriera (f)	maxame'a	מַחֲמָאָה (נ)
pentola (f)	sir	סִיר (ז)
padella (f)	maxvat	מַחֲבַת (נ)
mestolo (m)	tarvad	תַּרְוָד (ז)
colapasta (m)	mis'nenet	מְסַנֶּנֶת (נ)
vassoio (m)	magaʃ	מַגָּשׁ (ז)
bottiglia (f)	bakbuk	בַּקְבּוּק (ז)
barattolo (m) di vetro	tsin'tsenet	צִנְצֶנֶת (נ)
latta, lattina (f)	paxit	פַּחִית (נ)
apribottiglie (m)	potxan bakbukim	פּוֹתְחָן בַּקְבּוּקִים (ז)
apriscatole (m)	potxan kufsa'ot	פּוֹתְחָן קוּפְסָאוֹת (ז)
cavatappi (m)	maxlets	מַחֲלֵץ (ז)
filtro (m)	'filter	פִילְטֶר (ז)
filtrare (vt)	lesanen	לְסַנֵּן
spazzatura (f)	'zevel	זֶבֶל (ז)
pattumiera (f)	pax 'zevel	פַּח זֶבֶל (ז)

67. Bagno

bagno (m)	xadar am'batya	חֲדַר אַמְבַּטְיָה (ז)
acqua (f)	'mayim	מַיִם (ז"ר)
rubinetto (m)	'berez	בֶּרֶז (ז)
acqua (f) calda	'mayim xamim	מַיִם חַמִּים (ז"ר)
acqua (f) fredda	'mayim karim	מַיִם קָרִים (ז"ר)
dentifricio (m)	miʃxat ʃi'nayim	מִשְׁחַת שִׁינַיִים (נ)
lavarsi i denti	letsax'tseax ʃi'nayim	לְצַחְצֵחַ שִׁינַיִים
spazzolino (m) da denti	miv'reʃet ʃi'nayim	מִבְרֶשֶׁת שִׁינַיִים (נ)
rasarsi (vr)	lehitga'leax	לְהִתְגַּלֵּחַ
schiuma (f) da barba	'ketsef gi'luax	קֶצֶף גִּילּוּחַ (ז)
rasoio (m)	ta'ar	תַּעַר (ז)
lavare (vt)	liʃtof	לִשְׁטוֹף
fare un bagno	lehitraxets	לְהִתְרַחֵץ
doccia (f)	mik'laxat	מִקְלַחַת (נ)
fare una doccia	lehitka'leax	לְהִתְקַלֵּחַ
vasca (f) da bagno	am'batya	אַמְבַּטְיָה (נ)
water (m)	asla	אַסְלָה (נ)
lavandino (m)	kiyor	כִּיּוֹר (ז)
sapone (m)	sabon	סַבּוֹן (ז)
porta (m) sapone	saboniya	סַבּוֹנִיָּיה (נ)
spugna (f)	sfog 'lifa	סְפוֹג לִיפָה (ז)
shampoo (m)	ʃampu	שַׁמְפּוּ (ז)
asciugamano (m)	ma'gevet	מַגֶּבֶת (נ)
accappatoio (m)	xaluk raxatsa	חָלוּק רַחֲצָה (ז)
bucato (m)	kvisa	כְּבִיסָה (נ)
lavatrice (f)	mexonat kvisa	מְכוֹנַת כְּבִיסָה (נ)

fare il bucato	leχabes	לְכַבֵּס
detersivo (m) per il bucato	avkat kvisa	אֲבָקַת כְּבִיסָה (נ)

68. Elettrodomestici

televisore (m)	tele'vizya	טֶלֶוִויזְיָה (נ)
registratore (m) a nastro	teip	טֵייפּ (ז)
videoregistratore (m)	maχʃir 'vide'o	מַכְשִׁיר וִידָאוֹ (ז)
radio (f)	'radyo	רָדִיוֹ (ז)
lettore (m)	nagan	נַגָן (ז)
videoproiettore (m)	makren	מַקְרֵן (ז)
home cinema (m)	kol'no'a beiti	קוֹלְנוֹעַ בֵּיתִי (ז)
lettore (m) DVD	nagan dividi	נַגָן DVD (ז)
amplificatore (m)	magber	מַגְבֵּר (ז)
console (f) video giochi	maχʃir plei'steiʃen	מַכְשִׁיר פְּלֵייסְטֵיישֶׁן (ז)
videocamera (f)	matslemat 'vide'o	מַצְלֵמַת וִידָאוֹ (נ)
macchina (f) fotografica	matslema	מַצְלֵמָה (נ)
fotocamera (f) digitale	matslema digi'talit	מַצְלֵמָה דִיגִיטָלִית (נ)
aspirapolvere (m)	ʃo'ev avak	שׁוֹאֵב אָבָק (ז)
ferro (m) da stiro	maghets	מַגְהֵץ (ז)
asse (f) da stiro	'kereʃ gihuts	קֶרֶשׁ גִיהוּץ (ז)
telefono (m)	'telefon	טֶלֶפוֹן (ז)
telefonino (m)	'telefon nayad	טֶלֶפוֹן נַיָיד (ז)
macchina (f) da scrivere	meχonat ktiva	מְכוֹנַת כְּתִיבָה (נ)
macchina (f) da cucire	meχonat tfira	מְכוֹנַת תְּפִירָה (נ)
microfono (m)	mikrofon	מִיקְרוֹפוֹן (ז)
cuffia (f)	ozniyot	אוֹזְנִיוֹת (נ"ר)
telecomando (m)	ʃelet	שֶׁלֶט (ז)
CD (m)	taklitor	תַקְלִיטוֹר (ז)
cassetta (f)	ka'letet	קַלֶטֶת (נ)
disco (m) (vinile)	taklit	תַקְלִיט (ז)

ATTIVITÀ UMANA

Lavoro. Affari. Parte 1

69. Ufficio. Lavorare in ufficio

uffici (m pl) (gli ~ della società)	misrad	מִשְׂרָד (ז)
ufficio (m)	misrad	מִשְׂרָד (ז)
portineria (f)	kabala	קַבָּלָה (נ)
segretario (m)	mazkir	מַזְכִּיר (ז)
segretaria (f)	mazkira	מַזְכִּירָה (נ)
direttore (m)	menahel	מְנַהֵל (ז)
manager (m)	menahel	מְנַהֵל (ז)
contabile (m)	menahel xeʃbonot	מְנַהֵל חֶשְׁבּוֹנוֹת (ז)
impiegato (m)	oved	עוֹבֵד (ז)
mobili (m pl)	rehitim	רָהִיטִים (ז"ר)
scrivania (f)	ʃulxan	שׁוּלְחָן (ז)
poltrona (f)	kursa	כּוּרְסָה (נ)
cassettiera (f)	ʃidat megerot	שִׁידַת מְגֵירוֹת (נ)
appendiabiti (m) da terra	mitle	מִתְלֶה (ז)
computer (m)	maxʃev	מַחְשֵׁב (ז)
stampante (f)	mad'peset	מַדְפֶּסֶת (נ)
fax (m)	faks	פַקְס (ז)
fotocopiatrice (f)	mexonat tsilum	מְכוֹנַת צִילוּם (נ)
carta (f)	neyar	נְיָיר (ז)
cancelleria (f)	tsiyud misradi	צִיוּד מִשְׂרָדִי (ז)
tappetino (m) del mouse	ʃa'tiax le'axbar	שָׁטִיחַ לְעַכְבָּר (ז)
foglio (m)	daf	דַף (ז)
cartella (f)	klaser	קְלָסֵר (ז)
catalogo (m)	katalog	קָטָלוֹג (ז)
elenco (m) del telefono	madrix 'telefon	מַדְרִיךְ טֶלֶפוֹן (ז)
documentazione (f)	ti'ud	תִיעוּד (ז)
opuscolo (m)	xo'veret	חוֹבֶרֶת (נ)
volantino (m)	alon	עָלוֹן (ז)
campione (m)	dugma	דוּגְמָה (נ)
formazione (f)	yeʃivat hadraxa	יְשִׁיבַת הַדְרָכָה (נ)
riunione (f)	yeʃiva	יְשִׁיבָה (נ)
pausa (f) pranzo	hafsakat tsaha'rayim	הַפְסָקַת צָהֳרַיִים (נ)
copiare (vt)	letsalem mismax	לְצַלֵם מִסְמָךְ
fare copie	lehaxin mispar otakim	לְהָכִין מִסְפַּר עוֹתָקִים
ricevere un fax	lekabel faks	לְקַבֵּל פַקְס
spedire un fax	liʃ'loax faks	לִשְׁלוֹחַ פַקְס

telefonare (vi, vt)	lehitkaʃer	להתקשר
rispondere (vi, vt)	la'anot	לענות
passare (glielo passo)	lekaʃer	לקשר
fissare (organizzare)	lik'bo'a pgiʃa	לקבוע פגישה
dimostrare (vt)	lehadgim	להדגים
essere assente	lehe'ader	להיעדר
assenza (f)	he'adrut	היעדרות (נ)

70. Operazioni d'affari. Parte 1

attività (f)	'esek	עסק (ז)
occupazione (f)	isuk	עיסוק (ז)
ditta (f)	χevra	חברה (נ)
compagnia (f)	χevra	חברה (נ)
corporazione (f)	ta'agid	תאגיד (ז)
impresa (f)	'esek	עסק (ז)
agenzia (f)	soχnut	סוכנות (נ)
accordo (m)	heskem	הסכם (ז)
contratto (m)	χoze	חוזה (ז)
affare (m)	iska	עסקה (נ)
ordine (m) (ordinazione)	hazmana	הזמנה (נ)
termine (m) dell'accordo	tnai	תנאי (ז)
all'ingrosso	besitonut	בסיטונות
all'ingrosso (agg)	sitona'i	סיטונאי
vendita (f) all'ingrosso	sitonut	סיטונות (נ)
al dettaglio (agg)	kim'oni	קמעוני
vendita (f) al dettaglio	kim'onut	קמעונות (נ)
concorrente (m)	mitχare	מתחרה (ז)
concorrenza (f)	taχarut	תחרות (נ)
competere (vi)	lehitχarot	להתחרות
socio (m), partner (m)	ʃutaf	שותף (ז)
partenariato (m)	ʃutafa	שותפות (נ)
crisi (f)	maʃber	משבר (ז)
bancarotta (f)	pʃitat 'regel	פשיטת רגל (נ)
fallire (vi)	liʃʃot 'regel	לפשוט רגל
difficoltà (f)	'koʃi	קושי (ז)
problema (m)	be'aya	בעיה (נ)
disastro (m)	ason	אסון (ז)
economia (f)	kalkala	כלכלה (נ)
economico (agg)	kalkali	כלכלי
recessione (f) economica	mitun kalkali	מיתון כלכלי (ז)
scopo (m), obiettivo (m)	matara	מטרה (נ)
incarico (m)	mesima	משימה (נ)
commerciare (vi)	lisχor	לסחור
rete (f) (~ di distribuzione)	'reʃet	רשת (נ)

giacenza (f)	maxsan	מַחְסָן (ז)
assortimento (m)	mivxar	מִבְחָר (ז)
leader (m), capo (m)	manhig	מַנְהִיג (ז)
grande (agg)	gadol	גָדוֹל
monopolio (m)	'monopol	מוֹנוֹפּוֹל (ז)
teoria (f)	te"orya	תֵיאוֹרְיָה (נ)
pratica (f)	'praktika	פְּרַקְטִיקָה (נ)
esperienza (f)	nisayon	נִיסָיוֹן (ז)
tendenza (f)	megama	מְגַמָה (נ)
sviluppo (m)	pi'tuax	פִּיתוּחַ (ז)

71. Operazioni d'affari. Parte 2

profitto (m)	'revax	רֶוַוח (ז)
profittevole (agg)	rivxi	רִווחִי
delegazione (f)	miʃ'laxat	מִשְלַחַת (נ)
stipendio (m)	mas'koret	מַשְׂכּוֹרֶת (נ)
correggere (vt)	letaken	לְתַקֵן
viaggio (m) d'affari	nesi'a batafkid	נְסִיעָה בַּתַפְקִיד (נ)
commissione (f)	amla	עַמְלָה (נ)
controllare (vt)	liʃlot	לִשְלוֹט
conferenza (f)	kinus	כִּינוּס (ז)
licenza (f)	riʃayon	רִישָיוֹן (ז)
affidabile (agg)	amin	אָמִין
iniziativa (f) (progetto nuovo)	yozma	יוֹזמָה (נ)
norma (f)	'norma	נוֹרמָה (נ)
circostanza (f)	nesibot	נְסִיבּוֹת (נ"ר)
mansione (f)	xova	חוֹבָה (נ)
impresa (f)	irgun	אָרגוּן (ז)
organizzazione (f)	hit'argenut	הִתאַרגְנוּת (נ)
organizzato (agg)	me'urgan	מְאוּרגָן
annullamento (m)	bitul	בִּיטוּל (ז)
annullare (vt)	levatel	לְבַטֵל
rapporto (m) (~ ufficiale)	dox	דוֹחַ (ז)
brevetto (m)	patent	פָּטֶנט (ז)
brevettare (vt)	lirʃom patent	לִרשוֹם פָּטֶנט
pianificare (vt)	letaxnen	לְתַכנֵן
premio (m)	'bonus	בּוֹנוּס (ז)
professionale (agg)	miktso'i	מִקצוֹעִי
procedura (f)	'nohal	נוֹהַל (ז)
esaminare (~ un contratto)	livxon	לִבחוֹן
calcolo (m)	xiʃuv	חִישוּב (ז)
reputazione (f)	monitin	מוֹנִיטִין (ז"ר)
rischio (m)	sikun	סִיכּוּן (ז)
dirigere (~ un'azienda)	lenahel	לְנַהֵל

informazioni (f pl)	meida	מֵידָע (ז)
proprietà (f)	ba'alut	בַּעֲלוּת (נ)
unione (f) (~ Italiana Vini, ecc.)	igud	אִיגוּד (ז)
assicurazione (f) sulla vita	bi'tuax xayim	בִּיטוּחַ חַיִּים (ז)
assicurare (vt)	leva'teax	לְבַטֵּחַ
assicurazione (f)	bi'tuax	בִּיטוּחַ (ז)
asta (f)	mexira 'pombit	מְכִירָה פּוּמְבִּית (נ)
avvisare (informare)	leho'dia	לְהוֹדִיעַ
gestione (f)	nihul	נִיהוּל (ז)
servizio (m)	ʃirut	שֵׁירוּת (ז)
forum (m)	'forum	פוֹרוּם (ז)
funzionare (vi)	letafked	לְתַפְקֵד
stadio (m) (fase)	ʃalav	שָׁלָב (ז)
giuridico (agg)	miʃpati	מִשְׁפָּטִי
esperto (m) legale	orex din	עוֹרֵךְ דִּין (ז)

72. Attività produttiva. Lavori

stabilimento (m)	mif'al	מִפְעָל (ז)
fabbrica (f)	beit xa'roʃet	בֵּית חֲרוֹשֶׁת (ז)
officina (f) di produzione	agaf	אֲגַף (ז)
stabilimento (m)	mif'al	מִפְעָל (ז)
industria (f)	ta'asiya	תַּעֲשִׂיָּיה (נ)
industriale (agg)	ta'asiyati	תַּעֲשִׂיָּיתִי
industria (f) pesante	ta'asiya kveda	תַּעֲשִׂיָּיה כְּבֵדָה (נ)
industria (f) leggera	ta'asiya kala	תַּעֲשִׂיָּיה קַלָּה (נ)
prodotti (m pl)	to'tseret	תּוֹצֶרֶת (נ)
produrre (vt)	leyatser	לְיַיצֵּר
materia (f) prima	'xomer 'gelem	חוֹמֶר גֶּלֶם (ז)
caposquadra (m)	menahel avoda	מְנַהֵל עֲבוֹדָה (ז)
squadra (f)	'tsevet ovdim	צֶוֶת עוֹבְדִים (ז)
operaio (m)	po'el	פּוֹעֵל (ז)
giorno (m) lavorativo	yom avoda	יוֹם עֲבוֹדָה (ז)
pausa (f)	hafsaka	הַפְסָקָה (נ)
riunione (f)	yeʃiva	יְשִׁיבָה (נ)
discutere (~ di un problema)	ladun	לָדוּן
piano (m)	toxnit	תּוֹכְנִית (נ)
eseguire il piano	leva'tse'a et hatoxnit	לְבַצֵּעַ אֶת הַתּוֹכְנִית
tasso (m) di produzione	'ketsev tfuka	קֶצֶב תְּפוּקָה (ז)
qualità (f)	eixut	אֵיכוּת (נ)
controllo (m)	bakara	בַּקָּרָה (נ)
controllo (m) di qualità	bakarat eixut	בַּקָּרַת אֵיכוּת (נ)
sicurezza (f) sul lavoro	betixut beavoda	בְּטִיחוּת בָּעֲבוֹדָה (נ)
disciplina (f)	miʃ'ma'at	מִשְׁמַעַת (נ)

infrazione (f)	hafara	הֲפָרָה (נ)
violare (~ le regole)	lehafer	לְהָפֵר
sciopero (m)	ʃvita	שְׁבִיתָה (נ)
scioperante (m)	ʃovet	שׁוֹבֵת (ז)
fare sciopero	liʃbot	לִשְׁבּוֹת
sindacato (m)	igud ovdim	אִיגוּד עוֹבְדִים (ז)
inventare (vt)	lehamtsi	לְהַמְצִיא
invenzione (f)	hamtsa'a	הַמְצָאָה (נ)
ricerca (f)	meχkar	מֶחְקָר (ז)
migliorare (vt)	leʃaper	לְשַׁפֵּר
tecnologia (f)	teχno'logya	טֶכְנוֹלוֹגְיָה (נ)
disegno (m) tecnico	sirtut	שִׂרְטוּט (ז)
carico (m)	mit'an	מִטְעָן (ז)
caricatore (m)	sabal	סַבָּל (ז)
caricare (~ un camion)	leha'amis	לְהַעֲמִיס
caricamento (m)	ha'amasa	הַעֲמָסָה (נ)
scaricare (vt)	lifrok mit'an	לִפְרוֹק מִטְעָן
scarico (m)	prika	פְּרִיקָה (נ)
trasporto (m)	hovala	הוֹבָלָה (נ)
società (f) di trasporti	χevrat hovala	חֶבְרַת הוֹבָלָה (נ)
trasportare (vt)	lehovil	לְהוֹבִיל
vagone (m) merci	karon	קָרוֹן (ז)
cisterna (f)	meχalit	מֵיכָלִית (נ)
camion (m)	masa'it	מַשָּׂאִית (נ)
macchina (f) utensile	meχonat ibud	מְכוֹנַת עִיבּוּד (נ)
meccanismo (m)	manganon	מַנְגָּנוֹן (ז)
rifiuti (m pl) industriali	'psolet ta'asiyatit	פְּסוֹלֶת תַעֲשִׂיָּיתִית (נ)
imballaggio (m)	ariza	אֲרִיזָה (נ)
imballare (vt)	le'eroz	לֶאֱרוֹז

73. Contratto. Accordo

contratto (m)	χoze	חוֹזֶה (ז)
accordo (m)	heskem	הֶסְכֵּם (ז)
allegato (m)	'sefaχ	סָפַח (ז)
firmare un contratto	la'aroχ heskem	לַעֲרוֹךְ הֶסְכֵּם
firma (f)	χatima	חֲתִימָה (נ)
firmare (vt)	laχtom	לַחְתּוֹם
timbro (m) (su documenti)	χo'temet	חוֹתֶמֶת (נ)
oggetto (m) del contratto	nose haχoze	נוֹשֵׂא הַחוֹזֶה (ז)
clausola (f)	se'if	סְעִיף (ז)
parti (f pl) (in un contratto)	tsdadim	צְדָדִים (ז״ר)
sede (f) legale	'ktovet miʃpatit	כְּתוֹבֶת מִשְׁפָּטִית (נ)
sciogliere un contratto	lehafer χoze	לְהָפֵר חוֹזֶה
obbligo (m)	hitχaivut	הִתְחַיְּיבוּת (נ)

responsabilità (f)	axrayut	אַחְרָיוּת (נ)
forza (f) maggiore	'koax elyon	כּוֹחַ עֶלְיוֹן (ז)
discussione (f)	vi'kuax	וִיכּוּחַ (ז)
sanzioni (f pl)	itsumim	עִיצוּמִים (ז"ר)

74. Import-export

importazione (f)	ye'vu'a	יְבוּא (ז)
importatore (m)	yevu'an	יְבוּאָן (ז)
importare (vt)	leyabe	לְיַבֵּא
d'importazione (agg)	meyuba	מְיוּבָּא
esportazione (f)	yitsu	יִיצוּא (ז)
esportatore (m)	yetsu'an	יְצוּאָן (ז)
esportare (vt)	leyatse	לְיַצֵּא
d'esportazione (agg)	ʃel yitsu	שֶׁל יִיצוּא
merce (f)	sxora	סְחוֹרָה (נ)
carico (m)	miʃ'loax	מִשְׁלוֹחַ (ז)
peso (m)	miʃkal	מִשְׁקָל (ז)
volume (m)	'nefax	נֶפַח (ז)
metro (m) cubo	'meter me'ukav	מֶטֶר מְעוּקָב (ז)
produttore (m)	yatsran	יַצְרָן (ז)
società (f) di trasporti	xevrat hovala	חֶבְרַת הוֹבָלָה (נ)
container (m)	mexula	מְכוּלָה (נ)
frontiera (f)	gvul	גְבוּל (ז)
dogana (f)	'mexes	מֶכֶס (ז)
dazio (m) doganale	mas 'mexes	מַס מֶכֶס (ז)
doganiere (m)	pakid 'mexes	פְּקִיד מֶכֶס (ז)
contrabbando (m)	havraxa	הַבְרָחָה (נ)
merci (f pl) contrabbandate	sxora muv'rexet	סְחוֹרָה מוּבְרַחַת (נ)

75. Mezzi finanziari

azione (f)	menaya	מְנָיָה (נ)
obbligazione (f)	i'geret xov	אִיגֶּרֶת חוֹב (נ)
cambiale (f)	ʃtar xalifin	שְׁטַר חֲלִיפִין (ז)
borsa (f)	'bursa	בּוּרְסָה (נ)
quotazione (f)	mexir hamenaya	מְחִיר הַמְּנָיָה (ז)
diminuire di prezzo	la'redet bemexir	לָרֶדֶת בְּמְחִיר
aumentare di prezzo	lehityaker	לְהִתְיַיקֵר
quota (f)	menaya	מְנָיָה (נ)
pacchetto (m) di maggioranza	ʃlita	שְׁלִיטָה (נ)
investimento (m)	haʃka'ot	הַשְׁקָעוֹת (נ"ר)
investire (vt)	lehaʃ'ki'a	לְהַשְׁקִיעַ

percento (m)	axuz	אָחוּז (ז)
interessi (m pl) (su investimenti)	ribit	רִיבִּית (נ)
profitto (m)	'revax	רֶוַוח (ז)
redditizio (agg)	rivxi	רִווחִי
imposta (f)	mas	מַס (ז)
valuta (f) (~ estera)	mat'be'a	מַטבֵּעַ (ז)
nazionale (agg)	le'umi	לְאוּמִי
cambio (m) (~ valuta)	hamara	הֲמָרָה (נ)
contabile (m)	ro'e xeʃbon	רוֹאֵה חֶשׁבּוֹן (ז)
ufficio (m) contabilità	hanhalat xeʃbonot	הַנהָלַת חֶשׁבּוֹנוֹת (נ)
bancarotta (f)	pʃitat 'regel	פּשִׁיטַת רֶגֶל (נ)
fallimento (m)	krisa	קרִיסָה (נ)
rovina (f)	pʃitat 'regel	פּשִׁיטַת רֶגֶל (נ)
andare in rovina	liʃʃot 'regel	לִפשׁוֹט רֶגֶל
inflazione (f)	inf'latsya	אִינפלַצִיָה (נ)
svalutazione (f)	pixut	פִּיחוּת (ז)
capitale (m)	hon	הוֹן (ז)
reddito (m)	haxnasa	הַכנָסָה (נ)
giro (m) di affari	maxzor	מַחזוֹר (ז)
risorse (f pl)	maʃ'abim	מַשׁאַבִּים (ז"ר)
mezzi (m pl) finanziari	emtsa'im kaspiyim	אֶמצָעִים כַּספִּיִים (ז"ר)
spese (f pl) generali	hotsa'ot	הוֹצָאוֹת (נ"ר)
ridurre (~ le spese)	letsamtsem	לְצַמצֵם

76. Marketing

marketing (m)	ʃivuk	שִׁיווּק (ז)
mercato (m)	ʃuk	שׁוּק (ז)
segmento (m) di mercato	'pelax ʃuk	פֶּלַח שׁוּק (ז)
prodotto (m)	mutsar	מוּצָר (ז)
merce (f)	sxora	סחוֹרָה (נ)
marca (f)	mutag	מוּתָג (ז)
marchio (m) di fabbrica	'semel misxari	סֶמֶל מִסחָרִי (ז)
logotipo (m)	'semel haxevra	סֶמֶל הַחֶברָה (ז)
logo (m)	'logo	לוֹגוֹ (ז)
domanda (f)	bikuʃ	בִּיקוּשׁ (ז)
offerta (f)	he'tse'a	הֶיצֵעַ (ז)
bisogno (m)	'tsorex	צוֹרֶך (ז)
consumatore (m)	tsarxan	צַרכָן (ז)
analisi (f)	ni'tuax	נִיתוּחַ (ז)
analizzare (vt)	lena'teax	לְנַתֵח
posizionamento (m)	mitsuv	מִיצוּב (ז)
posizionare (vt)	lematsev	לְמַצֵב
prezzo (m)	mexir	מְחִיר (ז)
politica (f) dei prezzi	mediniyut timxur	מְדִינִיוּת תִמחוּר (נ)
determinazione (f) dei prezzi	hamxara	הַמחָרָה (נ)

77. Pubblicità

pubblicità (f)	pirsum	פִּרְסוּם (ז)
pubblicizzare (vt)	lefarsem	לְפַרְסֵם
bilancio (m) (budget)	taktsiv	תַקְצִיב (ז)
annuncio (m)	pir'somet	פִּרְסוֹמֶת (נ)
pubblicità (f) televisiva	pir'somet tele'vizya	פִּרְסוֹמֶת טֶלֶוִויזְיָה (נ)
pubblicità (f) radiofonica	pir'somet 'radyo	פִּרְסוֹמֶת רַדְיוֹ (נ)
pubblicità (f) esterna	pirsum xutsot	פִּרְסוּם חוּצוֹת (ז)
mass media (m pl)	emtsa'ei tik'ʃoret hamonim	אֶמְצָעֵי תִקְשוֹרֶת הָמוֹנִים (ז"ר)
periodico (m)	ktav et	כְּתָב עֵת (ז)
immagine (f)	tadmit	תַדְמִית (נ)
slogan (m)	sisma	סִיסְמָה (נ)
motto (m)	'moto	מוֹטוֹ (ז)
campagna (f)	masa	מַסָע (ז)
campagna (f) pubblicitaria	masa pirsum	מַסָע פִּרְסוּם (ז)
gruppo (m) di riferimento	oxlusiyat 'ya'ad	אוֹכְלוּסִיַית יַעַד (נ)
biglietto (m) da visita	kartis bikur	כַּרְטִיס בִּיקוּר (ז)
volantino (m)	alon	עָלוֹן (ז)
opuscolo (m)	xo'veret	חוֹבֶרֶת (נ)
pieghevole (m)	alon	עָלוֹן (ז)
bollettino (m)	alon meida	עָלוֹן מֵידָע (ז)
insegna (f) (di negozi, ecc.)	'ʃelet	שֶׁלֶט (ז)
cartellone (m)	'poster	פּוֹסְטֶר (ז)
tabellone (m) pubblicitario	'luax pirsum	לוּחַ פִּרְסוּם (ז)

78. Attività bancaria

banca (f)	bank	בַּנְק (ז)
filiale (f)	snif	סְנִיף (ז)
consulente (m)	yo'ets	יוֹעֵץ (ז)
direttore (m)	menahel	מְנַהֵל (ז)
conto (m) bancario	xeʃbon	חֶשְׁבּוֹן (ז)
numero (m) del conto	mispar xeʃbon	מִסְפַּר חֶשְׁבּוֹן (ז)
conto (m) corrente	xeʃbon over vaʃav	חֶשְׁבּוֹן עוֹבֵר וָשָׁב (ז)
conto (m) di risparmio	xeʃbon xisaxon	חֶשְׁבּוֹן חִסָכוֹן (ז)
aprire un conto	lif'toax xeʃbon	לִפְתוֹחַ חֶשְׁבּוֹן
chiudere il conto	lisgor xeʃbon	לִסְגוֹר חֶשְׁבּוֹן
versare sul conto	lehafkid lexeʃbon	לְהַפְקִיד לְחֶשְׁבּוֹן
prelevare dal conto	limʃox mexeʃbon	לִמְשׁוֹך מֵחֶשְׁבּוֹן
deposito (m)	pikadon	פִּיקָדוֹן (ז)
depositare (vt)	lehafkid	לְהַפְקִיד
trasferimento (m) telegrafico	ha'avara banka'it	הַעֲבָרָה בַּנְקָאִית (נ)

rimettere i soldi	leha'avir 'kesef	לְהַעֲבִיר כֶּסֶף
somma (f)	sxum	סְכוּם (ז)
Quanto?	'kama?	כַּמָּה?
firma (f)	xatima	חֲתִימָה (נ)
firmare (vt)	laxtom	לַחְתוֹם
carta (f) di credito	kartis aʃrai	כַּרְטִיס אַשְׁרַאי (ז)
codice (m)	kod	קוֹד (ז)
numero (m) della carta di credito	mispar kartis aʃrai	מִסְפַּר כַּרְטִיס אַשְׁרַאי (ז)
bancomat (m)	kaspomat	כַּסְפּוֹמָט (ז)
assegno (m)	tʃek	צֶ'ק (ז)
emettere un assegno	lixtov tʃek	לִכְתוֹב צֶ'ק
libretto (m) di assegni	pinkas 'tʃekim	פִּנְקָס צֶ'קִים (ז)
prestito (m)	halva'a	הַלְוָאָה (נ)
fare domanda per un prestito	levakeʃ halva'a	לְבַקֵּשׁ הַלְוָאָה
ottenere un prestito	lekabel halva'a	לְקַבֵּל הַלְוָאָה
concedere un prestito	lehalvot	לְהַלְווֹת
garanzia (f)	arvut	עַרְבוּת (נ)

79. Telefono. Conversazione telefonica

telefono (m)	'telefon	טֶלֶפוֹן (ז)
telefonino (m)	'telefon nayad	טֶלֶפוֹן נַיָּיד (ז)
segreteria (f) telefonica	meʃivon	מְשִׁיבוֹן (ז)
telefonare (vi, vt)	letsaltsel	לְצַלְצֵל
chiamata (f)	sixat 'telefon	שִׂיחַת טֶלֶפוֹן (נ)
comporre un numero	lexayeg mispar	לְחַייֵג מִסְפָּר
Pronto!	'halo!	הָלוֹ!
chiedere (domandare)	liʃol	לִשְׁאוֹל
rispondere (vi, vt)	la'anot	לַעֲנוֹת
udire (vt)	liʃmo'a	לִשְׁמוֹעַ
bene	tov	טוֹב
male	lo tov	לֹא טוֹב
disturbi (m pl)	hafra'ot	הַפְרָעוֹת (נ"ר)
cornetta (f)	ʃfo'feret	שְׁפוֹפֶרֶת (נ)
alzare la cornetta	leharim ʃfo'feret	לְהָרִים שְׁפוֹפֶרֶת
riattaccare la cornetta	leha'niax ʃfo'feret	לְהָנִיחַ שְׁפוֹפֶרֶת
occupato (agg)	tafus	תָּפוּס
squillare (del telefono)	letsaltsel	לְצַלְצֵל
elenco (m) telefonico	'sefer tele'fonim	סֵפֶר טֶלֶפוֹנִים (ז)
locale (agg)	mekomi	מְקוֹמִי
telefonata (f) urbana	sixa mekomit	שִׂיחָה מְקוֹמִית (נ)
interurbano (agg)	bein ironi	בֵּין עִירוֹנִי
telefonata (f) interurbana	sixa bein ironit	שִׂיחָה בֵּין עִירוֹנִית (נ)

| internazionale (agg) | benle'umi | בֵּינְלְאוּמִי |
| telefonata (f) internazionale | siχa benle'umit | שִׂיחָה בֵּינְלְאוּמִית (נ) |

80. Telefono cellulare

telefonino (m)	'telefon nayad	טֶלֶפוֹן נַיָּיד (ז)
schermo (m)	masaχ	מָסָךְ (ז)
tasto (m)	kaftor	כַּפְתּוֹר (ז)
scheda SIM (f)	kartis sim	כַּרְטִיס סִים (ז)
pila (f)	solela	סוֹלְלָה (נ)
essere scarico	lehitroken	לְהִתְרוֹקֵן
caricabatteria (m)	mit'an	מִטְעָן (ז)
menù (m)	tafrit	תַּפְרִיט (ז)
impostazioni (f pl)	hagdarot	הַגְדָּרוֹת (נ״ר)
melodia (f)	mangina	מַנְגִּינָה (נ)
scegliere (vt)	livχor	לִבְחוֹר
calcolatrice (f)	maχʃevon	מַחְשְׁבוֹן (ז)
segreteria (f) telefonica	ta koli	תָּא קוֹלִי (ז)
sveglia (f)	ʃa'on me'orer	שְׁעוֹן מְעוֹרֵר (ז)
contatti (m pl)	anʃei 'keʃer	אַנְשֵׁי קֶשֶׁר (ז״ר)
messaggio (m) SMS	misron	מִסְרוֹן (ז)
abbonato (m)	manui	מָנוּי (ז)

81. Articoli di cancelleria

penna (f) a sfera	et kaduri	עֵט כַּדּוּרִי (ז)
penna (f) stilografica	et no've'a	עֵט נוֹבֵעַ (ז)
matita (f)	iparon	עִיפָּרוֹן (ז)
evidenziatore (m)	'marker	מַרְקֵר (ז)
pennarello (m)	tuʃ	טוּשׁ (ז)
taccuino (m)	pinkas	פִּנְקָס (ז)
agenda (f)	yoman	יוֹמָן (ז)
righello (m)	sargel	סַרְגֵּל (ז)
calcolatrice (f)	maχʃevon	מַחְשְׁבוֹן (ז)
gomma (f) per cancellare	'maχak	מָחַק (ז)
puntina (f)	'na'ats	נַעַץ (ז)
graffetta (f)	mehadek	מְהַדֵּק (ז)
colla (f)	'devek	דֶּבֶק (ז)
pinzatrice (f)	ʃadχan	שַׁדְכָן (ז)
perforatrice (f)	menakev	מְנַקֵּב (ז)
temperamatite (m)	maχded	מַחְדֵּד (ז)

T&P Books. Vocabolario Italiano-Ebraico per studio autodidattico - 5000 parole

82. Generi di attività commerciali

Italiano	Traslitterazione	Ebraico
servizi (m pl) di contabilità	ʃerutei hanhalat xeʃbonot	שֵׁרוּתֵי הַנְהָלַת חֶשְׁבּוֹנוֹת (ז״ר)
pubblicità (f)	pirsum	פִּרְסוּם (ז)
agenzia (f) pubblicitaria	soxnut pirsum	סוֹכְנוּת פִּרְסוּם (נ)
condizionatori (m pl) d'aria	mazganim	מַזְגָנִים (ז״ר)
compagnia (f) aerea	xevrat te'ufa	חֶבְרַת תְעוּפָה (נ)
bevande (f pl) alcoliche	maʃka'ot xarifim	מַשְׁקָאוֹת חָרִיפִים (נ״ר)
antiquariato (m)	atikot	עַתִיקוֹת (נ״ר)
galleria (f) d'arte	ga'lerya le'amanut	גָלֶרְיָה לְאָמָנוּת (נ)
società (f) di revisione contabile	ʃerutei bi'koret xeʃbonot	שֵׁרוּתֵי בִּיקוֹרֶת חֶשְׁבּוֹנוֹת (ז״ר)
imprese (f pl) bancarie	banka'ut	בַּנְקָאוּת (נ)
bar (m)	bar	בָּר (ז)
salone (m) di bellezza	mexon 'yofi	מְכוֹן יוֹפִי (ז)
libreria (f)	xanut sfarim	חָנוּת סְפָרִים (נ)
birreria (f)	miv'ʃelet 'bira	מִבְשֶׁלֶת בִּירָה (נ)
business centre (m)	merkaz asakim	מֶרְכַּז עֲסָקִים (ז)
scuola (f) di commercio	beit 'sefer le'asakim	בֵּית סֵפֶר לַעֲסָקִים (ז)
casinò (m)	ka'zino	קָזִינוֹ (ז)
edilizia (f)	bniya	בְּנִיָה (נ)
consulenza (f)	yi'uts	יִיעוּץ (ז)
odontoiatria (f)	mirpa'at ʃi'nayim	מִרְפָּאַת שִׁינַיִים (נ)
design (m)	itsuv	עִיצוּב (ז)
farmacia (f)	beit mir'kaxat	בֵּית מִרְקַחַת (ז)
lavanderia (f) a secco	nikui yaveʃ	נִיקוּי יָבֵשׁ (ז)
agenzia (f) di collocamento	soxnut 'koax adam	סוֹכְנוּת כּוֹחַ אָדָם (נ)
servizi (m pl) finanziari	ʃerutim fi'nansim	שֵׁרוּתִים פִינַנְסִיִים (ז״ר)
industria (f) alimentare	mutsrei mazon	מוּצְרֵי מָזוֹן (ז״ר)
agenzia (f) di pompe funebri	beit levayot	בֵּית לְוָיוֹת (ז)
mobili (m pl)	rehitim	רָהִיטִים (ז״ר)
abbigliamento (m)	bgadim	בְּגָדִים (ז״ר)
albergo, hotel (m)	beit malon	בֵּית מָלוֹן (ז)
gelato (m)	'glida	גְלִידָה (נ)
industria (f)	ta'asiya	תַעֲשִׂיָה (נ)
assicurazione (f)	bi'tuax	בִּיטוּחַ (ז)
internet (f)	'internet	אִינְטֶרְנֶט (ז)
investimenti (m pl)	haʃka'ot	הַשְׁקָעוֹת (נ״ר)
gioielliere (m)	tsoref	צוֹרֵף (ז)
gioielli (m pl)	taxʃitim	תַכְשִׁיטִים (ז״ר)
lavanderia (f)	mixbasa	מִכְבָּסָה (נ)
consulente (m) legale	yo'ets miʃpati	יוֹעֵץ מִשְׁפָּטִי (ז)
industria (f) leggera	ta'asiya kala	תַעֲשִׂיָה קַלָה (נ)
rivista (f)	ʒurnal	ז'וּרְנָל (ז)
vendite (f pl) per corrispondenza	mexira be'do'ar	מְכִירָה בְּדוֹאַר (נ)
medicina (f)	refu'a	רְפוּאָה (נ)

75

cinema (m)	kol'no'a	קוֹלְנוֹעַ (ז)
museo (m)	muze'on	מוּזֵיאוֹן (ז)
agenzia (f) di stampa	soxnut yedi'ot	סוֹכְנוּת יְדִיעוֹת (נ)
giornale (m)	iton	עִיתּוֹן (ז)
locale notturno (m)	mo'adon 'laila	מוֹעֲדוֹן לַיְלָה (ז)
petrolio (m)	neft	נֵפְט (ז)
corriere (m) espresso	ʃirut ʃlixim	שֵירוּת שְלִיחִים (ז)
farmaci (m pl)	rokxut	רוֹקְחוּת (נ)
stampa (f) (~ di libri)	beit dfus	בֵּית דְפוּס (ז)
casa (f) editrice	hotsa'a la'or	הוֹצָאָה לָאוֹר (נ)
radio (f)	'radyo	רַדְיוֹ (ז)
beni (m pl) immobili	nadlan	נַדְלָ"ן (ז)
ristorante (m)	mis'ada	מִסְעָדָה (נ)
agenzia (f) di sicurezza	xevrat ʃmira	חֶבְרַת שְמִירָה (נ)
sport (m)	sport	סְפּוֹרְט (ז)
borsa (f)	'bursa	בּוּרְסָה (נ)
negozio (m)	xanut	חֲנוּת (נ)
supermercato (m)	super'market	סוּפֶּרְמַרְקֶט (ז)
piscina (f)	brexat sxiya	בְּרֵיכַת שְׂחִייָה (נ)
sartoria (f)	mitpara	מִתְפָּרָה (נ)
televisione (f)	tele'vizya	טֶלֶוִוִיזְיָה (נ)
teatro (m)	te'atron	תֵיאַטְרוֹן (ז)
commercio (m)	misxar	מִסְחָר (ז)
mezzi (m pl) di trasporto	hovalot	הוֹבָלוֹת (נ"ר)
viaggio (m)	tayarut	תַיָירוּת (נ)
veterinario (m)	veterinar	וֶטֶרִינָר (ז)
deposito, magazzino (m)	maxsan	מַחְסָן (ז)
trattamento (m) dei rifiuti	isuf 'zevel	אִיסוּף זֶבֶל (ז)

Lavoro. Affari. Parte 2

83. Spettacolo. Mostra

fiera (f)	ta'aruxa	תַּעֲרוּכָה (נ)
fiera (f) campionaria	ta'aruxa misxarit	תַּעֲרוּכָה מִסְחָרִית (נ)
partecipazione (f)	hiʃtatfut	הִשְׁתַּתְּפוּת (נ)
partecipare (vi)	lehiʃtatef	לְהִשְׁתַּתֵּף
partecipante (m)	miʃtatef	מִשְׁתַּתֵּף (ז)
direttore (m)	menahel	מְנַהֵל (ז)
ufficio (m) organizzativo	misrad hame'argenim	מִשְׂרַד הַמְאַרְגְּנִים (ז)
organizzatore (m)	me'argen	מְאַרְגֵּן (ז)
organizzare (vt)	le'argen	לְאַרְגֵּן
domanda (f) di partecipazione	'tofes hiʃtatfut	טוֹפֶס הִשְׁתַּתְּפוּת (ז)
riempire (vt)	lemale	לְמַלֵּא
dettagli (m pl)	pratim	פְּרָטִים (ז"ר)
informazione (f)	meida	מֵידָע (ז)
prezzo (m)	mexir	מְחִיר (ז)
incluso (agg)	kolel	כּוֹלֵל
includere (vt)	lixlol	לִכְלוֹל
pagare (vi, vt)	leʃalem	לְשַׁלֵּם
quota (f) d'iscrizione	dmei riʃum	דְּמֵי רִישׁוּם (ז"ר)
entrata (f)	knisa	כְּנִיסָה (נ)
padiglione (m)	bitan	בִּיתָן (ז)
registrare (vt)	lirʃom	לִרְשׁוֹם
tesserino (m)	tag	תָּג (ז)
stand (m)	duxan	דּוּכָן (ז)
prenotare (riservare)	liʃmor	לִשְׁמוֹר
vetrina (f)	madaf tetsuga	מַדָּף תְּצוּגָה (ז)
faretto (m)	menorat spot	מְנוֹרַת סְפּוֹט (נ)
design (m)	itsuv	עִיצוּב (ז)
collocare (vt)	la'arox	לַעֲרוֹךְ
collocarsi (vr)	lehimatse	לְהִימָּצֵא
distributore (m)	mefits	מֵפִיץ (ז)
fornitore (m)	sapak	סַפָּק (ז)
fornire (vt)	lesapek	לְסַפֵּק
paese (m)	medina	מְדִינָה (נ)
straniero (agg)	mexul	מְחוּ״ל
prodotto (m)	mutsar	מוּצָר (ז)
associazione (f)	amuta	עֲמוּתָה (נ)
sala (f) conferenze	ulam knasim	אוּלָם כְּנָסִים (ז)

congresso (m)	kongres	קוֹנגרֶס (ז)
concorso (m)	taxarut	תַחֲרוּת (נ)
visitatore (m)	mevaker	מְבַקֵר (ז)
visitare (vt)	levaker	לְבַקֵר
cliente (m)	la'koax	לָקוֹחַ (ז)

84. Scienza. Ricerca. Scienziati

scienza (f)	mada	מַדָע (ז)
scientifico (agg)	mada'i	מַדָעִי
scienziato (m)	mad'an	מַדעָן (ז)
teoria (f)	te''orya	תֵיאוֹריָה (נ)
assioma (m)	aks'yoma	אַקסיוֹמָה (נ)
analisi (f)	ni'tuax	נִיתוּח (ז)
analizzare (vt)	lena'teax	לְנַתֵח
argomento (m)	nimuk	נִימוּק (ז)
sostanza, materia (f)	'xomer	חוֹמֶר (ז)
ipotesi (f)	hipo'teza	הִיפּוֹתֶזָה (נ)
dilemma (m)	di'lema	דִילֶמָה (נ)
tesi (f)	diser'tatsya	דִיסֶרטַציָה (נ)
dogma (m)	'dogma	דוֹגמָה (נ)
dottrina (f)	dok'trina	דוֹקטרִינָה (נ)
ricerca (f)	mexkar	מָחקָר (ז)
fare ricerche	laxkor	לַחקוֹר
prova (f)	nuisuyim	נִיסוּיִים (ז"ר)
laboratorio (m)	ma'abada	מַעֲבָּדָה (נ)
metodo (m)	ʃita	שִיטָה (נ)
molecola (f)	mo'lekula	מוֹלֶקוּלָה (נ)
monitoraggio (m)	nitur	נִיטוּר (ז)
scoperta (f)	gilui	גִילוּי (ז)
postulato (m)	aks'yoma	אַקסיוֹמָה (נ)
principio (m)	ikaron	עִיקָרוֹן (ז)
previsione (f)	taxazit	תַחֲזִית (נ)
fare previsioni	laxazot	לַחֲזוֹת
sintesi (f)	sin'teza	סִינתֶזָה (נ)
tendenza (f)	megama	מְגַמָה (נ)
teorema (m)	miʃpat	מִשפָּט (ז)
insegnamento (m)	tora	תוֹרָה (נ)
fatto (m)	uvda	עוּבדָה (נ)
spedizione (f)	miʃ'laxat	מִשלַחַת (נ)
esperimento (m)	nisui	נִיסוּי (ז)
accademico (m)	akademai	אָקָדֵמַאי (ז)
laureato (m)	'to'ar riʃon	תוֹאַר רִאשוֹן (ז)
dottore (m)	'doktor	דוֹקטוֹר (ז)
professore (m) associato	martse baxir	מַרצֶה בָּכִיר (ז)

Master (m)	musmax	מוּסְמָךְ (ז)
professore (m)	pro'fesor	פְּרוֹפֶסוֹר (ז)

Professioni e occupazioni

85. Ricerca di un lavoro. Licenziamento

lavoro (m)	avoda	עֲבוֹדָה (נ)
organico (m)	'segel	סֶגֶל (ז)
personale (m)	'segel	סֶגֶל (ז)
carriera (f)	kar'yera	קָרְיֶרָה (נ)
prospettiva (f)	effaruyot	אֶפְשָׁרוּיוֹת (ז״ר)
abilità (f pl)	meyumanut	מְיוּמָנוּת (נ)
selezione (f) (~ del personale)	sinun	סִינוּן (ז)
agenzia (f) di collocamento	soχnut 'koaχ adam	סוֹכְנוּת כּוֹחַ אָדָם (נ)
curriculum vitae (f)	korot χayim	קוֹרוֹת חַיִּים (ז״ר)
colloquio (m)	ra'ayon avoda	רַאֲיוֹן עֲבוֹדָה (ז)
posto (m) vacante	misra pnuya	מִשְׂרָה פְּנוּיָה (נ)
salario (m)	mas'koret	מַשְׂכּוֹרֶת (נ)
stipendio (m) fisso	mas'koret kvu'a	מַשְׂכּוֹרֶת קְבוּעָה (נ)
compenso (m)	taʃlum	תַּשְׁלוּם (ז)
carica (f), funzione (f)	tafkid	תַּפְקִיד (ז)
mansione (f)	χova	חוֹבָה (נ)
mansioni (f pl) di lavoro	tχum aχrayut	תְּחוּם אַחֲרָיוּת (ז)
occupato (agg)	asuk	עָסוּק
licenziare (vt)	lefater	לְפַטֵּר
licenziamento (m)	pitur	פִּיטוּר (ז)
disoccupazione (f)	avtala	אַבְטָלָה (נ)
disoccupato (m)	muvtal	מוּבְטָל (ז)
pensionamento (m)	'pensya	פֶּנְסְיָה (נ)
andare in pensione	latset legimla'ot	לָצֵאת לְגִימְלָאוֹת

86. Gente d'affari

direttore (m)	menahel	מְנַהֵל (ז)
dirigente (m)	menahel	מְנַהֵל (ז)
capo (m)	bos	בּוֹס (ז)
superiore (m)	memune	מְמוּנֶה (ז)
capi (m pl)	memunim	מְמוּנִים (ז״ר)
presidente (m)	nasi	נָשִׂיא (ז)
presidente (m) (impresa)	yoʃev roʃ	יוֹשֵׁב רֹאשׁ (ז)
vice (m)	sgan	סְגַן (ז)
assistente (m)	ozer	עוֹזֵר (ז)

segretario (m)	mazkir	מַזְכִּיר (ז)
assistente (m) personale	mazkir iʃi	מַזְכִּיר אִישִׁי (ז)
uomo (m) d'affari	iʃ asakim	אִישׁ עֲסָקִים (ז)
imprenditore (m)	yazam	יָזָם (ז)
fondatore (m)	meyased	מְיַסֵּד (ז)
fondare (vt)	leyased	לְיַסֵּד
socio (m)	meχonen	מְכוֹנֵן (ז)
partner (m)	ʃutaf	שׁוּתָף (ז)
azionista (m)	'ba'al menayot	בַּעַל מְנָיוֹת (ז)
milionario (m)	milyoner	מִילְיוֹנֵר (ז)
miliardario (m)	milyarder	מִילְיַארְדֶּר (ז)
proprietario (m)	be'alim	בְּעָלִים (ז)
latifondista (m)	'ba'al adamot	בַּעַל אֲדָמוֹת (ז)
cliente (m) (di professionista)	la'koaχ	לָקוֹחַ (ז)
cliente (m) abituale	la'koaχ ka'vu'a	לָקוֹחַ קָבוּעַ (ז)
compratore (m)	kone	קוֹנֶה (ז)
visitatore (m)	mevaker	מְבַקֵּר (ז)
professionista (m)	miktso'an	מִקְצוֹעָן (ז)
esperto (m)	mumχe	מוּמְחֶה (ז)
specialista (m)	mumχe	מוּמְחֶה (ז)
banchiere (m)	bankai	בַּנְקַאי (ז)
broker (m)	soχen	סוֹכֵן (ז)
cassiere (m)	kupai	קוּפַּאי (ז)
contabile (m)	menahel χeʃbonot	מְנַהֵל חֶשְׁבּוֹנוֹת (ז)
guardia (f) giurata	ʃomer	שׁוֹמֵר (ז)
investitore (m)	maʃki'a	מַשְׁקִיעַ (ז)
debitore (m)	'ba'al χov	בַּעַל חוֹב (ז)
creditore (m)	malve	מַלְוֶה (ז)
mutuatario (m)	love	לוֹוֶה (ז)
importatore (m)	yevu'an	יְבוּאָן (ז)
esportatore (m)	yetsu'an	יְצוּאָן (ז)
produttore (m)	yatsran	יַצְרָן (ז)
distributore (m)	mefits	מֵפִיץ (ז)
intermediario (m)	metaveχ	מְתַוֵּוךְ (ז)
consulente (m)	yo'ets	יוֹעֵץ (ז)
rappresentante (m)	natsig meχirot	נְצִיג מְכִירוֹת (ז)
agente (m)	soχen	סוֹכֵן (ז)
assicuratore (m)	soχen bi'tuaχ	סוֹכֵן בִּיטוּחַ (ז)

87. Professioni amministrative

cuoco (m)	tabaχ	טַבָּח (ז)
capocuoco (m)	ʃef	שֶׁף (ז)

Italiano	Traslitterazione	Ebraico
fornaio (m)	ofe	אוֹפֶה (ז)
barista (m)	'barmen	בַּרְמֶן (ז)
cameriere (m)	meltsar	מֶלְצָר (ז)
cameriera (f)	meltsarit	מֶלְצָרִית (נ)
avvocato (m)	orex din	עוֹרֵךְ דִין (ז)
esperto (m) legale	orex din	עוֹרֵךְ דִין (ז)
notaio (m)	notaryon	נוֹטַרְיוֹן (ז)
elettricista (m)	xaʃmalai	חַשְׁמַלַאי (ז)
idraulico (m)	ʃravrav	שְׁרַבְרַב (ז)
falegname (m)	nagar	נַגָר (ז)
massaggiatore (m)	ma'ase	מְעַסֶה (ז)
massaggiatrice (f)	masa'ʒistit	מַסָזִ'יסְטִית (נ)
medico (m)	rofe	רוֹפֵא (ז)
taxista (m)	nahag monit	נֶהָג מוֹנִית (ז)
autista (m)	nahag	נֶהָג (ז)
fattorino (m)	ʃa'liax	שָׁלִיחַ (ז)
cameriera (f)	xadranit	חַדְרָנִית (נ)
guardia (f) giurata	ʃomer	שׁוֹמֵר (ז)
hostess (f)	da'yelet	דַיֶילֶת (נ)
insegnante (m, f)	more	מוֹרֶה (ז)
bibliotecario (m)	safran	סַפְרָן (ז)
traduttore (m)	metargem	מְתַרְגֵם (ז)
interprete (m)	meturgeman	מְתוּרְגְמָן (ז)
guida (f)	madrix tiyulim	מַדְרִיךְ טִיוּלִים (ז)
parrucchiere (m)	sapar	סַפָּר (ז)
postino (m)	davar	דַוָוָר (ז)
commesso (m)	moxer	מוֹכֵר (ז)
giardiniere (m)	ganan	גַנָן (ז)
domestico (m)	meʃaret	מְשָׁרֵת (ז)
domestica (f)	meʃa'retet	מְשָׁרֶתֶת (נ)
donna (f) delle pulizie	menaka	מְנַקָה (נ)

88. Professioni militari e gradi

Italiano	Traslitterazione	Ebraico
soldato (m) semplice	turai	טוּרַאי (ז)
sergente (m)	samal	סַמָל (ז)
tenente (m)	'segen	סֶגֶן (ז)
capitano (m)	'seren	סֶרֶן (ז)
maggiore (m)	rav 'seren	רַב־סֶרֶן (ז)
colonnello (m)	aluf miʃne	אַלוּף מִשְׁנֶה (ז)
generale (m)	aluf	אַלוּף (ז)
maresciallo (m)	'marʃal	מַרְשָׁל (ז)
ammiraglio (m)	admiral	אַדְמִירָל (ז)
militare (m)	iʃ tsava	אִישׁ צָבָא (ז)
soldato (m)	xayal	חַיָיל (ז)

ufficiale (m)	katsin	קָצִין (ז)
comandante (m)	mefaked	מְפַקֵד (ז)
guardia (f) di frontiera	ʃomer gvul	שׁוֹמֵר גְבוּל (ז)
marconista (m)	alχutai	אַלחוּטַאי (ז)
esploratore (m)	iʃ modi'in kravi	אִיש מוֹדִיעִין קְרָבִי (ז)
geniere (m)	χablan	חַבְּלָן (ז)
tiratore (m)	tsalaf	צַלָף (ז)
navigatore (m)	navat	נַוָוט (ז)

89. Funzionari. Sacerdoti

re (m)	'meleχ	מֶלֶךְ (ז)
regina (f)	malka	מַלכָּה (נ)
principe (m)	nasiχ	נָסִיךְ (ז)
principessa (f)	nesiχa	נְסִיכָה (נ)
zar (m)	tsar	צָאר (ז)
zarina (f)	tsa'rina	צָארִינָה (נ)
presidente (m)	nasi	נָשִׂיא (ז)
ministro (m)	sar	שַׂר (ז)
primo ministro (m)	roʃ memʃala	רֹאש מֶמשָׁלָה (ז)
senatore (m)	se'nator	סֶנָאטוֹר (ז)
diplomatico (m)	diplomat	דִיפלוֹמָט (ז)
console (m)	'konsul	קוֹנסוּל (ז)
ambasciatore (m)	ʃagrir	שַׁגרִיר (ז)
consigliere (m)	yo'ets	יוֹעֵץ (ז)
funzionario (m)	pakid	פָּקִיד (ז)
prefetto (m)	prefekt	פְּרֶפֶקט (ז)
sindaco (m)	roʃ ha'ir	רֹאש הָעִיר (ז)
giudice (m)	ʃofet	שׁוֹפֵט (ז)
procuratore (m)	to've'a	תוֹבֵעַ (ז)
missionario (m)	misyoner	מִיסיוֹנֶר (ז)
monaco (m)	nazir	נָזִיר (ז)
abate (m)	roʃ minzar ka'toli	רֹאש מִנזָר קָתוֹלִי (ז)
rabbino (m)	rav	רַב (ז)
visir (m)	vazir	וָזִיר (ז)
scià (m)	ʃaχ	שָׁאח (ז)
sceicco (m)	ʃeiχ	שֵׁיח (ז)

90. Professioni agricole

apicoltore (m)	kavran	כַּווְרָן (ז)
pastore (m)	ro'e tson	רוֹעֶה צֹאן (ז)
agronomo (m)	agronom	אַגרוֹנוֹם (ז)

allevatore (m) di bestiame	megadel bakar	מְגַדֵּל בָּקָר (ז)
veterinario (m)	veterinar	וֶטֶרִינָר (ז)
fattore (m)	xavai	חַוַּאי (ז)
vinificatore (m)	yeinan	יֵינָן (ז)
zoologo (m)	zo'olog	זוֹאוֹלוֹג (ז)
cowboy (m)	'ka'uboi	קָאוּבּוֹי (ז)

91. Professioni artistiche

attore (m)	saxkan	שַׂחְקָן (ז)
attrice (f)	saxkanit	שַׂחְקָנִית (נ)
cantante (m)	zamar	זַמָּר (ז)
cantante (f)	za'meret	זַמֶּרֶת (נ)
danzatore (m)	rakdan	רַקְדָן (ז)
ballerina (f)	rakdanit	רַקְדָנִית (נ)
artista (m)	saxkan	שַׂחְקָן (ז)
artista (f)	saxkanit	שַׂחְקָנִית (נ)
musicista (m)	muzikai	מוּזִיקַאי (ז)
pianista (m)	psantran	פְּסַנְתְּרָן (ז)
chitarrista (m)	nagan gi'tara	נַגָּן גִּיטָרָה (ז)
direttore (m) d'orchestra	mena'tseax	מְנַצֵּחַ (ז)
compositore (m)	malxin	מַלְחִין (ז)
impresario (m)	amargan	אָמַרְגָּן (ז)
regista (m)	bamai	בַּמַּאי (ז)
produttore (m)	mefik	מֵפִיק (ז)
sceneggiatore (m)	tasritai	תַּסְרִיטַאי (ז)
critico (m)	mevaker	מְבַקֵּר (ז)
scrittore (m)	sofer	סוֹפֵר (ז)
poeta (m)	meʃorer	מְשׁוֹרֵר (ז)
scultore (m)	pasal	פַּסָּל (ז)
pittore (m)	tsayar	צַיָּר (ז)
giocoliere (m)	lahatutan	לַהֲטוּטָן (ז)
pagliaccio (m)	leitsan	לֵיצָן (ז)
acrobata (m)	akrobat	אַקְרוֹבָּט (ז)
prestigiatore (m)	kosem	קוֹסֵם (ז)

92. Professioni varie

medico (m)	rofe	רוֹפֵא (ז)
infermiera (f)	axot	אָחוֹת (נ)
psichiatra (m)	psixi''ater	פְּסִיכִיאָטֶר (ז)
dentista (m)	rofe ʃi'nayim	רוֹפֵא שִׁינַיִים (ז)
chirurgo (m)	kirurg	כִּירוּרְג (ז)

astronauta (m)	astro'na'ut	אַסטרוֹנָאוּט (ז)
astronomo (m)	astronom	אַסטרוֹנוֹם (ז)
pilota (m)	tayas	טַייָס (ז)
autista (m)	nahag	נָהָג (ז)
macchinista (m)	nahag ra'kevet	נָהַג רַכֶּבֶת (ז)
meccanico (m)	meχonai	מְכוֹנַאי (ז)
minatore (m)	kore	כּוֹרֶה (ז)
operaio (m)	po'el	פּוֹעֵל (ז)
operaio (m) metallurgico	misgad	מַסגָד (ז)
falegname (m)	nagar	נַגָר (ז)
tornitore (m)	χarat	חָרָט (ז)
operaio (m) edile	banai	בַּנַאי (ז)
saldatore (m)	rataχ	רַתָך (ז)
professore (m)	pro'fesor	פּרוֹפֶסוֹר (ז)
architetto (m)	adriχal	אַדרִיכָל (ז)
storico (m)	historyon	הִיסטוֹריוֹן (ז)
scienziato (m)	mad'an	מַדעָן (ז)
fisico (m)	fizikai	פִיזִיקַאי (ז)
chimico (m)	χimai	כִימַאי (ז)
archeologo (m)	arχe'olog	אַרכֵיאוֹלוֹג (ז)
geologo (m)	ge'olog	גֵיאוֹלוֹג (ז)
ricercatore (m)	χoker	חוֹקֵר (ז)
baby-sitter (m, f)	ʃmartaf	שמַרטַף (ז)
insegnante (m, f)	more, meχanex	מוֹרֶה, מְחַנֵך (ז)
redattore (m)	oreχ	עוֹרֵך (ז)
redattore capo (m)	oreχ raʃi	עוֹרֵך רָאשִי (ז)
corrispondente (m)	katav	כַּתָב (ז)
dattilografa (f)	kaldanit	קַלדָנִית (נ)
designer (m)	me'atsev	מְעַצֵב (ז)
esperto (m) informatico	mumχe maχʃevim	מוּמחֶה מַחשְבִים (ז)
programmatore (m)	metaχnet	מְתַכנֵת (ז)
ingegnere (m)	mehandes	מְהַנדֵס (ז)
marittimo (m)	yamai	יַמַאי (ז)
marinaio (m)	malaχ	מַלָח (ז)
soccorritore (m)	matsil	מַצִיל (ז)
pompiere (m)	kabai	כַּבַּאי (ז)
poliziotto (m)	ʃoter	שוֹטֵר (ז)
guardiano (m)	ʃomer	שוֹמֵר (ז)
detective (m)	balaʃ	בַּלָש (ז)
doganiere (m)	pakid 'meχes	פָּקִיד מֶכֶס (ז)
guardia (f) del corpo	ʃomer roʃ	שוֹמֵר רֹאש (ז)
guardia (f) carceraria	soher	סוֹהֵר (ז)
ispettore (m)	mefa'keaχ	מְפַקֵחַ (ז)
sportivo (m)	sportai	ספוֹרטַאי (ז)
allenatore (m)	me'amen	מְאַמֵן (ז)

macellaio (m)	katsav	קַצָּב (ז)
calzolaio (m)	sandlar	סַנדלָר (ז)
uomo (m) d'affari	soxer	סוֹחֵר (ז)
caricatore (m)	sabal	סַבָּל (ז)
stilista (m)	me'atsev ofna	מְעַצֵּב אוֹפנָה (ז)
modella (f)	dugmanit	דוּגמָנִית (נ)

93. Attività lavorative. Condizione sociale

scolaro (m)	talmid	תַלמִיד (ז)
studente (m)	student	סטוּדֶנט (ז)
filosofo (m)	filosof	פִילוֹסוֹף (ז)
economista (m)	kalkelan	כַּלכְּלָן (ז)
inventore (m)	mamtsi	מַמצִיא (ז)
disoccupato (m)	muvtal	מוּבטָל (ז)
pensionato (m)	pensyoner	פֶּנסיוֹנֶר (ז)
spia (f)	meragel	מְרַגֵּל (ז)
detenuto (m)	asir	אָסִיר (ז)
scioperante (m)	ʃovet	שוֹבֵת (ז)
burocrate (m)	birokrat	בִּירוֹקרָט (ז)
viaggiatore (m)	metayel	מְטַיֵּיל (ז)
omosessuale (m)	'lesbit, 'homo	לֶסבִּית (נ), הוֹמוֹ (ז)
hacker (m)	'haker	הָאקֵר (ז)
hippy (m, f)	'hipi	הִיפִּי (ז)
bandito (m)	ʃoded	שוֹדֵד (ז)
sicario (m)	ro'tseax saxir	רוֹצֵחַ שָׂכִיר (ז)
drogato (m)	narkoman	נַרקוֹמָן (ז)
trafficante (m) di droga	soxer samim	סוֹחֵר סַמִּים (ז)
prostituta (f)	zona	זוֹנָה (נ)
magnaccia (m)	sarsur	סַרסוּר (ז)
stregone (m)	mexaʃef	מְכַשֵּׁף (ז)
strega (f)	maxʃefa	מְכַשֵּׁפָה (נ)
pirata (m)	ʃoded yam	שוֹדֵד יָם (ז)
schiavo (m)	ʃifxa, 'eved	שִׁפחָה (נ), עֶבֶד (ז)
samurai (m)	samurai	סָמוּרַאי (ז)
selvaggio (m)	'pere adam	פֶּרֶא אָדָם (ז)

Istruzione

94. Scuola

scuola (f)	beit 'sefer	בֵּית סֵפֶר (ז)
direttore (m) di scuola	menahel beit 'sefer	מְנַהֵל בֵּית סֵפֶר (ז)
allievo (m)	talmid	תַּלְמִיד (ז)
allieva (f)	talmida	תַּלְמִידָה (נ)
scolaro (m)	talmid	תַּלְמִיד (ז)
scolara (f)	talmida	תַּלְמִידָה (נ)
insegnare (qn)	lelamed	לְלַמֵד
imparare (una lingua)	lilmod	לִלְמוֹד
imparare a memoria	lilmod be'al pe	לִלְמוֹד בְּעַל פֶּה
studiare (vi)	lilmod	לִלְמוֹד
frequentare la scuola	lilmod	לִלְמוֹד
andare a scuola	la'lexet le'beit 'sefer	לָלֶכֶת לְבֵית סֵפֶר
alfabeto (m)	alefbeit	אָלֶפְבֵּית (ז)
materia (f)	mik'tso'a	מִקצוֹעַ (ז)
classe (f)	kita	כִּיתָה (נ)
lezione (f)	ʃi'ur	שִיעוּר (ז)
ricreazione (f)	hafsaka	הַפסָקָה (נ)
campanella (f)	pa'amon	פַּעֲמוֹן (ז)
banco (m)	ʃulxan limudim	שוּלחַן לִימוּדִים (ז)
lavagna (f)	'luax	לוּחַ (ז)
voto (m)	tsiyun	צִיוּן (ז)
voto (m) alto	tsiyun tov	צִיוּן טוֹב (ז)
voto (m) basso	tsiyun ga'ru'a	צִיוּן גָרוּעַ (ז)
dare un voto	latet tsiyun	לָתֵת צִיוּן
errore (m)	ta'ut	טָעוּת (נ)
fare errori	la'asot ta'uyot	לַעֲשׂוֹת טָעוּיוֹת
correggere (vt)	letaken	לְתַקֵן
bigliettino (m)	ʃlif	שלִיף (ז)
compiti (m pl)	ʃi'urei 'bayit	שִיעוּרֵי בַּיִת (ז״ר)
esercizio (m)	targil	תַרגִיל (ז)
essere presente	lihyot no'xeax	לִהיוֹת נוֹכֵחַ
essere assente	lehe'ader	לְהֵיעָדֵר
mancare le lezioni	lehaxsir	לְהַחסִיר
punire (vt)	leha'aniʃ	לְהַעֲנִיש
punizione (f)	'oneʃ	עוֹנֶש (ז)
comportamento (m)	hitnahagut	הִתנַהֲגוּת (נ)

pagella (f)	yoman beit 'sefer	יוֹמַן בֵּית סֵפֶר (ז)
matita (f)	iparon	עִיפָּרוֹן (ז)
gomma (f) per cancellare	'maxak	מַחַק (ז)
gesso (m)	gir	גִיר (ז)
astuccio (m) portamatite	kalmar	קַלְמָר (ז)
cartella (f)	yalkut	יַלְקוּט (ז)
penna (f)	et	עֵט (ז)
quaderno (m)	max'beret	מַחבֶּרֶת (נ)
manuale (m)	'sefer limud	סֵפֶר לִימוּד (ז)
compasso (m)	mexuga	מְחוּגָה (נ)
disegnare (tracciare)	lesartet	לְשַׂרטֵט
disegno (m) tecnico	sirtut	שִׂרטוּט (ז)
poesia (f)	ʃir	שִׁיר (ז)
a memoria	be'al pe	בְּעַל פֶּה
imparare a memoria	lilmod be'al pe	לִלמוֹד בְּעַל פֶּה
vacanze (f pl) scolastiche	xuʃʃa	חוּפשָׁה (נ)
essere in vacanza	lihyot bexuʃʃa	לִהיוֹת בְּחוּפשָׁה
passare le vacanze	leha'avir 'xofeʃ	לְהַעֲבִיר חוֹפֶשׁ
prova (f) scritta	mivxan	מִבחָן (ז)
composizione (f)	xibur	חִיבּוּר (ז)
dettato (m)	haxtava	הַכתָבָה (נ)
esame (m)	bxina	בּחִינָה (נ)
sostenere un esame	lehibaxen	לְהִיבָּחֵן
esperimento (m)	nisui	נִיסוּי (ז)

95. Istituto superiore. Università

accademia (f)	aka'demya	אָקָדֶמיָה (נ)
università (f)	uni'versita	אוּנִיבֶרסִיטָה (נ)
facoltà (f)	fa'kulta	פָקוּלטָה (נ)
studente (m)	student	סטוּדֶנט (ז)
studentessa (f)	stu'dentit	סטוּדֶנטִית (נ)
docente (m, f)	martse	מַרצֶה (ז)
aula (f)	ulam hartsa'ot	אוּלָם הַרצָאוֹת (ז)
diplomato (m)	boger	בּוֹגֵר (ז)
diploma (m)	di'ploma	דִיפּלוֹמָה (נ)
tesi (f)	diser'tatsya	דִיסֶרטַצִיָה (נ)
ricerca (f)	mexkar	מֶחקָר (ז)
laboratorio (m)	ma'abada	מַעֲבָּדָה (נ)
lezione (f)	hartsa'a	הַרצָאָה (נ)
compagno (m) di corso	xaver lelimudim	חָבֵר לְלִימוּדִים (ז)
borsa (f) di studio	milga	מִלגָה (נ)
titolo (m) accademico	'to'ar aka'demi	תוֹאַר אָקָדֶמִי (ז)

96. Scienze. Discipline

matematica (f)	mate'matika	מָתֶמָטִיקָה (נ)
algebra (f)	'algebra	אַלְגֶּבְּרָה (נ)
geometria (f)	ge'o'metriya	גֵּיאוֹמֶטְרִיָּה (נ)
astronomia (f)	astro'nomya	אַסְטְרוֹנוֹמְיָה (נ)
biologia (f)	bio'logya	בִּיוֹלוֹגְיָה (נ)
geografia (f)	ge'o'grafya	גֵּיאוֹגְרַפְיָה (נ)
geologia (f)	ge'o'logya	גֵּיאוֹלוֹגְיָה (נ)
storia (f)	his'torya	הִיסְטוֹרְיָה (נ)
medicina (f)	refu'a	רְפוּאָה (נ)
pedagogia (f)	χinuχ	חִינּוּךְ (ז)
diritto (m)	miʃpatim	מִשְׁפָּטִים (ז"ר)
fisica (f)	'fizika	פִיזִיקָה (נ)
chimica (f)	'χimya	כִימְיָה (נ)
filosofia (f)	filo'sofya	פִילוֹסוֹפְיָה (נ)
psicologia (f)	psiχo'logya	פְּסִיכוֹלוֹגְיָה (נ)

97. Sistema di scrittura. Ortografia

grammatica (f)	dikduk	דִּקְדּוּק (ז)
lessico (m)	otsar milim	אוֹצַר מִילִים (ז)
fonetica (f)	torat ha'hege	תּוֹרַת הַהֲגָה (נ)
sostantivo (m)	ʃem 'etsem	שֵׁם עֶצֶם (ז)
aggettivo (m)	ʃem 'to'ar	שֵׁם תּוֹאַר (ז)
verbo (m)	po'el	פּוֹעַל (ז)
avverbio (m)	'to'ar 'po'al	תּוֹאַר פּוֹעַל (ז)
pronome (m)	ʃem guf	שֵׁם גּוּף (ז)
interiezione (f)	milat kri'a	מִילַת קְרִיאָה (נ)
preposizione (f)	milat 'yaχas	מִילַת יַחַס (נ)
radice (f)	'ʃoreʃ	שׁוֹרֶשׁ (ז)
desinenza (f)	si'yomet	סִיוֹמֶת (נ)
prefisso (m)	tχilit	תְּחִילִית (נ)
sillaba (f)	havara	הֲבָרָה (נ)
suffisso (m)	si'yomet	סִיוֹמֶת (נ)
accento (m)	'ta'am	טַעַם (ז)
apostrofo (m)	'gereʃ	גֶּרֶשׁ (ז)
punto (m)	nekuda	נְקוּדָה (נ)
virgola (f)	psik	פְּסִיק (ז)
punto (m) e virgola	nekuda ufsik	נְקוּדָה וּפְסִיק (נ)
due punti	nekudo'tayim	נְקוּדוֹתַיִים (נ"ר)
puntini di sospensione	ʃaloʃ nekudot	שְׁלוֹשׁ נְקוּדוֹת (נ"ר)
punto (m) interrogativo	siman ʃe'ela	סִימַן שְׁאֵלָה (ז)
punto (m) esclamativo	siman kri'a	סִימַן קְרִיאָה (ז)

virgolette (f pl)	merχa'ot	מֵרְכָאוֹת (ז"ר)
tra virgolette	bemerχa'ot	בְּמֵרְכָאוֹת
parentesi (f pl)	sog'rayim	סוֹגְרַיִים (ז"ר)
tra parentesi	besog'rayim	בְּסוֹגְרַיִים
trattino (m)	makaf	מַקָף (ז)
lineetta (f)	kav mafrid	קַו מַפְרִיד (ז)
spazio (m) (tra due parole)	'revaχ	רֶוַוח (ז)
lettera (f)	ot	אוֹת (נ)
lettera (f) maiuscola	ot gdola	אוֹת גְדוֹלָה (נ)
vocale (f)	tnuʻa	תְנוּעָה (נ)
consonante (f)	itsur	עִיצוּר (ז)
proposizione (f)	miʃpat	מִשְׁפָּט (ז)
soggetto (m)	nose	נוֹשֵׂא (ז)
predicato (m)	nasu	נָשׂוּא (ז)
riga (f)	ʃura	שׁוּרָה (נ)
a capo	beʃura χadaʃa	בְּשׁוּרָה חֲדָשָׁה
capoverso (m)	piska	פִּסְקָה (נ)
parola (f)	mila	מִילָה (נ)
gruppo (m) di parole	tsiruf milim	צֵירוּף מִילִים (ז)
espressione (f)	bitui	בִּיטוּי (ז)
sinonimo (m)	mila nir'defet	מִילָה נִרְדֶפֶת (נ)
antonimo (m)	'hefeχ	הָפֶּךְ (ז)
regola (f)	klal	כְּלָל (ז)
eccezione (f)	yotse min haklal	יוֹצֵא מִן הַכְּלָל (ז)
giusto (corretto)	naχon	נָכוֹן
coniugazione (f)	hataya	הַטָיָיה (נ)
declinazione (f)	hataya	הַטָיָיה (נ)
caso (m) nominativo	yaχasa	יַחֲסָה (נ)
domanda (f)	ʃe'ela	שְׁאֵלָה (נ)
sottolineare (vt)	lehadgiʃ	לְהַדְגִיש
linea (f) tratteggiata	kav nakud	קַו נָקוּד (ז)

98. Lingue straniere

lingua (f)	safa	שָׂפָה (נ)
straniero (agg)	zar	זָר
lingua (f) straniera	safa zara	שָׂפָה זָרָה (נ)
studiare (vt)	lilmod	לִלְמוֹד
imparare (una lingua)	lilmod	לִלְמוֹד
leggere (vi, vt)	likro	לִקְרוֹא
parlare (vi, vt)	ledaber	לְדַבֵּר
capire (vt)	lehavin	לְהָבִין
scrivere (vi, vt)	liχtov	לִכְתּוֹב
rapidamente	maher	מַהֵר
lentamente	le'at	לְאַט

correntemente	χoffi	חוֹפְשִׁי
regole (f pl)	klalim	כְּלָלִים (ז״ר)
grammatica (f)	dikduk	דִּקְדּוּק (ז)
lessico (m)	otsar milim	אוֹצַר מִילִים (ז)
fonetica (f)	torat ha'hege	תּוֹרַת הַהֶגֶה (נ)
manuale (m)	'sefer limud	סֵפֶר לִימוּד (ז)
dizionario (m)	milon	מִילוֹן (ז)
manuale (m) autodidattico	'sefer lelimud atsmi	סֵפֶר לְלִימוּד עַצְמִי (ז)
frasario (m)	siχon	שִׂיחוֹן (ז)
cassetta (f)	ka'letet	קַלֶּטֶת (נ)
videocassetta (f)	ka'letet 'vide'o	קַלֶּטֶת וִידֵיאוֹ (נ)
CD (m)	taklitor	תַּקְלִיטוֹר (ז)
DVD (m)	di vi di	דִי. וִי. דִי. (ז)
alfabeto (m)	alefbeit	אָלֶפְבֵּית (ז)
compitare (vt)	le'ayet	לְאַיֵּת
pronuncia (f)	hagiya	הֲגִיָּיה (נ)
accento (m)	mivta	מִבְטָא (ז)
con un accento	im mivta	עִם מִבְטָא
senza accento	bli mivta	בְּלִי מִבְטָא
vocabolo (m)	mila	מִילָה (נ)
significato (m)	maʃma'ut	מַשְׁמָעוּת (נ)
corso (m) (~ di francese)	kurs	קוּרְס (ז)
iscriversi (vr)	leheraʃem lekurs	לְהֵירָשֵׁם לְקוּרְס
insegnante (m, f)	more	מוֹרֶה (ז)
traduzione (f) (fare una ~)	tirgum	תַּרְגּוּם (ז)
traduzione (f) (un testo)	tirgum	תַּרְגּוּם (ז)
traduttore (m)	metargem	מְתַרְגֵּם (ז)
interprete (m)	meturgeman	מְתוּרְגְּמָן (ז)
poliglotta (m)	poliglot	פּוֹלִיגְלוֹט (ז)
memoria (f)	zikaron	זִיכָּרוֹן (ז)

Ristorante. Intrattenimento. Viaggi

99. Escursione. Viaggio

turismo (m)	tayarut	תַּיָּרוּת (נ)
turista (m)	tayar	תַּיָּר (ז)
viaggio (m) (all'estero)	tiyul	טִיּוּל (ז)
avventura (f)	harpatka	הַרְפַּתְקָה (נ)
viaggio (m) (corto)	nesi'a	נְסִיעָה (נ)
vacanza (f)	ҳuffa	חוּפְשָׁה (נ)
essere in vacanza	lihyot beҳuffa	לִהיוֹת בְּחוּפְשָׁה
riposo (m)	menuҳa	מְנוּחָה (נ)
treno (m)	ra'kevet	רַכֶּבֶת (נ)
in treno	bera'kevet	בְּרַכֶּבֶת
aereo (m)	matos	מָטוֹס (ז)
in aereo	bematos	בְּמָטוֹס
in macchina	bemeҳonit	בִּמְכוֹנִית
in nave	be'oniya	בָּאוֹנִיָּה
bagaglio (m)	mit'an	מִטְעָן (ז)
valigia (f)	mizvada	מִזְוָדָה (נ)
carrello (m)	eglat mit'an	עֲגָלַת מִטְעָן (נ)
passaporto (m)	darkon	דַּרְכּוֹן (ז)
visto (m)	'viza, aʃra	וִיזָה, אַשְׁרָה (נ)
biglietto (m)	kartis	כַּרְטִיס (ז)
biglietto (m) aereo	kartis tisa	כַּרְטִיס טִיסָה (ז)
guida (f)	madriҳ	מַדְרִיךְ (ז)
carta (f) geografica	mapa	מַפָּה (נ)
località (f)	ezor	אֵזוֹר (ז)
luogo (m)	makom	מָקוֹם (ז)
ogetti (m pl) esotici	ek'zotika	אֶקזוֹטִיקָה (נ)
esotico (agg)	ek'zoti	אֶקזוֹטִי
sorprendente (agg)	nifla	נִפְלָא
gruppo (m)	kvutsa	קְבוּצָה (נ)
escursione (f)	tiyul	טִיּוּל (ז)
guida (f) (cicerone)	madriҳ tiyulim	מַדְרִיךְ טִיּוּלִים (ז)

100. Hotel

albergo (m)	beit malon	בֵּית מָלוֹן (ז)
hotel (m)	malon	מָלוֹן (ז)
motel (m)	motel	מוֹטֶל (ז)

tre stelle	ʃloʃa koχavim	שְׁלוֹשָׁה כּוֹכָבִים
cinque stelle	χamiʃa koχavim	חֲמִישָׁה כּוֹכָבִים
alloggiare (vi)	lehit'aχsen	לְהִתְאַכְסֵן
camera (f)	'χeder	חֶדֶר (ז)
camera (f) singola	'χeder yaχid	חֶדֶר יָחִיד (ז)
camera (f) doppia	'χeder zugi	חֶדֶר זוּגִי (ז)
prenotare una camera	lehazmin 'χeder	לְהַזְמִין חֶדֶר
mezza pensione (f)	χatsi pensiyon	חֲצִי פֶּנְסִיוֹן (ז)
pensione (f) completa	pensyon male	פֶּנְסִיוֹן מָלֵא (ז)
con bagno	im am'batya	עִם אַמְבַּטְיָה
con doccia	im mik'laχat	עִם מִקְלַחַת
televisione (f) satellitare	tele'vizya bekvalim	טֶלֶוִוִיזְיָה בְּכְּבָלִים (נ)
condizionatore (m)	mazgan	מַזְגָן (ז)
asciugamano (m)	ma'gevet	מַגֶּבֶת (נ)
chiave (f)	maf'teaχ	מַפְתֵּחַ (ז)
amministratore (m)	amarkal	אֲמַרְכָּל (ז)
cameriera (f)	χadranit	חַדְרָנִית (נ)
portabagagli (m)	sabal	סַבָּל (ז)
portiere (m)	pakid kabala	פְּקִיד קַבָּלָה (ז)
ristorante (m)	mis'ada	מִסְעָדָה (נ)
bar (m)	bar	בָּר (ז)
colazione (f)	aruχat 'boker	אֲרוּחַת בּוֹקֶר (נ)
cena (f)	aruχat 'erev	אֲרוּחַת עֶרֶב (נ)
buffet (m)	miznon	מִזְנוֹן (ז)
hall (f) (atrio d'ingresso)	'lobi	לוֹבִּי (ז)
ascensore (m)	ma'alit	מַעֲלִית (נ)
NON DISTURBARE	lo lehaf'ri'a	לֹא לְהַפְרִיעַ
VIETATO FUMARE!	asur le'aʃen!	אָסוּר לְעַשֵּׁן!

ATTREZZATURA TECNICA. MEZZI DI TRASPORTO

Attrezzatura tecnica

101. Computer

computer (m)	maxʃev	מַחְשֵׁב (ז)
computer (m) portatile	maxʃev nayad	מַחְשֵׁב נַיָיד (ז)
accendere (vt)	lehadlik	לְהַדלִיק
spegnere (vt)	lexabot	לְכַבּוֹת
tastiera (f)	mik'ledet	מִקלֶדֶת (נ)
tasto (m)	makaʃ	מַקָש (ז)
mouse (m)	axbar	עַכבָּר (ז)
tappetino (m) del mouse	ʃa'tiax le'axbar	שָׁטִיחַ לְעַכבָּר (ז)
tasto (m)	kaftor	כַּפתוֹר (ז)
cursore (m)	saman	סַמָן (ז)
monitor (m)	masax	מָסָך (ז)
schermo (m)	tsag	צַג (ז)
disco (m) rigido	disk ka'ʃiax	דִיסק קָשִיחַ (ז)
spazio (m) sul disco rigido	'nefax disk ka'ʃiax	נֶפַח דִיסק קָשִיחַ (ז)
memoria (f)	zikaron	זִיכָּרוֹן (ז)
memoria (f) operativa	zikaron giʃa akra'it	זִיכָּרוֹן גִישָׁה אַקרָאִית (ז)
file (m)	'kovets	קוֹבֶץ (ז)
cartella (f)	tikiya	תִיקִיָיה (נ)
aprire (vt)	lif'toax	לִפתוֹחַ
chiudere (vt)	lisgor	לִסגוֹר
salvare (vt)	liʃmor	לִשמוֹר
eliminare (vt)	limxok	לִמחוֹק
copiare (vt)	leha'atik	לְהַעֲתִיק
ordinare (vt)	lemayen	לְמַייֵן
trasferire (vt)	leha'avir	לְהַעֲבִיר
programma (m)	toxna	תוֹכנָה (נ)
software (m)	toxna	תוֹכנָה (נ)
programmatore (m)	metaxnet	מְתַכנֵת (ז)
programmare (vt)	letaxnet	לְתַכנֵת
hacker (m)	'haker	הָאקֶר (ז)
password (f)	sisma	סִיסמָה (נ)
virus (m)	'virus	וִירוּס (ז)
trovare (un virus, ecc.)	limtso, le'ater	לִמצוֹא, לְאַתֵר
byte (m)	bait	בַּייט (ז)

megabyte (m)	megabait	מֶגָבַּיְט (ז)
dati (m pl)	netunim	נְתוּנִים (ז"ר)
database (m)	bsis netunim	בְּסִיס נְתוּנִים (ז)
cavo (m)	'kevel	כֶּבֶל (ז)
sconnettere (vt)	lenatek	לְנַתֵק
collegare (vt)	leχaber	לְחַבֵּר

102. Internet. Posta elettronica

internet (f)	'internet	אִינְטֶרְנֶט (ז)
navigatore (m)	dafdefan	דַפְדְפָן (ז)
motore (m) di ricerca	ma'no'a χipus	מָנוֹעַ חִיפּוּשׂ (ז)
provider (m)	sapak	סַפָּק (ז)
webmaster (m)	menahel ha'atar	מְנַהֵל הָאָתָר (ז)
sito web (m)	atar	אָתָר (ז)
pagina web (f)	daf 'internet	דַף אִינְטֶרְנֶט (ז)
indirizzo (m)	'ktovet	כְּתוֹבֶת (נ)
rubrica (f) indirizzi	'sefer ktovot	סֵפֶר כְּתוֹבוֹת (ז)
casella (f) di posta	teivat 'do'ar	תֵיבַת דוֹאַר (נ)
posta (f)	'do'ar, 'do'al	דוֹאַר (ז), דוֹא"ל (ז)
troppo piena (agg)	gaduʃ	גָדוּשׁ
messaggio (m)	hoda'a	הוֹדָעָה (נ)
messaggi (m pl) in arrivo	hoda'ot niχnasot	הוֹדָעוֹת נִכְנָסוֹת (נ"ר)
messaggi (m pl) in uscita	hoda'ot yots'ot	הוֹדָעוֹת יוֹצְאוֹת (נ"ר)
mittente (m)	ʃo'leaχ	שׁוֹלֵחַ (ז)
inviare (vt)	liʃ'loaχ	לִשְׁלוֹחַ
invio (m)	ʃliχa	שְׁלִיחָה (נ)
destinatario (m)	nim'an	נִמְעָן (ז)
ricevere (vt)	lekabel	לְקַבֵּל
corrispondenza (f)	hitkatvut	הִתְכַּתְבוּת (נ)
essere in corrispondenza	lehitkatev	לְהִתְכַּתֵב
file (m)	'kovets	קוֹבֶץ (ז)
scaricare (vt)	lehorid	לְהוֹרִיד
creare (vt)	litsor	לִיצוֹר
eliminare (vt)	limχok	לִמְחוֹק
eliminato (agg)	maχuk	מָחוּק
connessione (f)	χibur	חִיבּוּר (ז)
velocità (f)	mehirut	מְהִירוּת (נ)
modem (m)	'modem	מוֹדֶם (ז)
accesso (m)	giʃa	גִישָׁה (נ)
porta (f)	port	פּוֹרְט (ז)
collegamento (m)	χibur	חִיבּוּר (ז)
collegarsi a …	lehitχaber	לְהִתְחַבֵּר
scegliere (vt)	livχor	לִבְחוֹר
cercare (vt)	leχapes	לְחַפֵּשׂ

103. Elettricità

Italiano	Traslitterazione	Ebraico
elettricità (f)	χaʃmal	חַשְׁמַל (ז)
elettrico (agg)	χaʃmali	חַשְׁמַלִי
centrale (f) elettrica	taχanat 'koaχ	תַּחֲנַת כּוֹחַ (נ)
energia (f)	e'nergya	אֶנֶרְגְיָה (נ)
energia (f) elettrica	e'nergya χaʃmalit	אֶנֶרְגְיָה חַשְׁמַלִית (נ)
lampadina (f)	nura	נוּרָה (נ)
torcia (f) elettrica	panas	פָּנָס (ז)
lampione (m)	panas reχov	פָּנָס רְחוֹב (ז)
luce (f)	or	אוֹר (ז)
accendere (luce)	lehadlik	לְהַדְלִיק
spegnere (vt)	leχabot	לְכַבּוֹת
spegnere la luce	leχabot	לְכַבּוֹת
fulminarsi (vr)	lehisaref	לְהִישָׂרֵף
corto circuito (m)	'ketser	קֶצֶר (ז)
rottura (f) (~ di un cavo)	χut ka'ru'a	חוּט קָרוּעַ (ז)
contatto (m)	maga	מַגָע (ז)
interruttore (m)	'meteg	מֶתֶג (ז)
presa (f) elettrica	'ʃeka	שֶׁקַע (ז)
spina (f)	'teka	תֶּקַע (ז)
prolunga (f)	'kabel ma'ariχ	כֶּבֶל מַאֲרִיךְ (ז)
fusibile (m)	natiχ	נָתִיךְ (ז)
filo (m)	χut	חוּט (ז)
impianto (m) elettrico	χivut	חִיווּט (ז)
ampere (m)	amper	אַמְפֶּר (ז)
intensità di corrente	'zerem χaʃmali	זֶרֶם חַשְׁמַלִי (ז)
volt (m)	volt	וֹלְט (ז)
tensione (f)	'metaχ	מֶתַח (ז)
apparecchio (m) elettrico	maχʃir χaʃmali	מַכְשִׁיר חַשְׁמַלִי (ז)
indicatore (m)	maχvan	מַחְווָן (ז)
elettricista (m)	χaʃmalai	חַשְׁמַלַאי (ז)
saldare (vt)	lehalχim	לְהַלְחִים
saldatoio (m)	malχem	מַלְחֵם (ז)
corrente (f)	'zerem	זֶרֶם (ז)

104. Utensili

Italiano	Traslitterazione	Ebraico
utensile (m)	kli	כְּלִי (ז)
utensili (m pl)	klei avoda	כְּלֵי עֲבוֹדָה (ז״ר)
impianto (m)	tsiyud	צִיוּד (ז)
martello (m)	patiʃ	פַּטִישׁ (ז)
giravite (m)	mavreg	מַבְרֵג (ז)
ascia (f)	garzen	גַרְזֶן (ז)

sega (f)	masor	מַסּוֹר (ז)
segare (vt)	lenaser	לְנַסֵּר
pialla (f)	maktso'a	מַקְצוּעָה (נ)
piallare (vt)	lehak'tsi'a	לְהַקְצִיעַ
saldatoio (m)	malχem	מַלְחֵם (ז)
saldare (vt)	lehalχim	לְהַלְחִים
lima (f)	ptsira	פְּצִירָה (נ)
tenaglie (f pl)	tsvatot	צְבָתוֹת (נ״ר)
pinza (f) a punte piatte	mel'kaχat	מֶלְקַחַת (נ)
scalpello (m)	izmel	אִזְמֵל (ז)
punta (f) da trapano	mak'deaχ	מַקְדֵּחַ (ז)
trapano (m) elettrico	makdeχa	מַקְדֵּחָה (נ)
trapanare (vt)	lik'doaχ	לִקְדֹּחַ
coltello (m)	sakin	סַכִּין (ז, נ)
coltello (m) da tasca	olar	אוֹלָר (ז)
lama (f)	'lahav	לַהַב (ז)
affilato (coltello ~)	χad	חַד
smussato (agg)	kehe	קֵהֶה
smussarsi (vr)	lehitkahot	לְהִתְקַהוֹת
affilare (vt)	lehaʃχiz	לְהַשְׁחִיז
bullone (m)	'boreg	בּוֹרֶג (ז)
dado (m)	om	אוֹם (ז)
filettatura (f)	tavrig	תַּבְרִיג (ז)
vite (f)	'boreg	בּוֹרֶג (ז)
chiodo (m)	masmer	מַסְמֵר (ז)
testa (f) di chiodo	roʃ hamasmer	רֹאשׁ הַמַּסְמֵר (ז)
regolo (m)	sargel	סַרְגֵּל (ז)
nastro (m) metrico	'seret meida	סֶרֶט מֵידָה (ז)
livella (f)	'peles	פֶּלֶס (ז)
lente (f) d'ingradimento	zχuχit mag'delet	זְכוּכִית מַגְדֶּלֶת (נ)
strumento (m) di misurazione	maχʃir medida	מַכְשִׁיר מְדִידָה (ז)
misurare (vt)	limdod	לִמְדֹּד
scala (f) graduata	'skala	סְקָאלָה (נ)
lettura, indicazione (f)	medida	מְדִידָה (נ)
compressore (m)	madχes	מַדְחֵס (ז)
microscopio (m)	mikroskop	מִיקְרוֹסְקוֹפּ (ז)
pompa (f) (~ dell'acqua)	maʃeva	מַשְׁאָבָה (נ)
robot (m)	robot	רוֹבּוֹט (ז)
laser (m)	'leizer	לֵייזֶר (ז)
chiave (f)	maf'teaχ bragim	מַפְתֵּחַ בְּרָגִים (ז)
nastro (m) adesivo	neyar 'devek	נְיָיר דֶּבֶק (ז)
colla (f)	'devek	דֶּבֶק (ז)
carta (f) smerigliata	neyar zχuχit	נְיָיר זְכוּכִית (ז)
molla (f)	kfits	קְפִיץ (ז)

magnete (m)	magnet	מַגְנֵט (ז)
guanti (m pl)	kfafot	כְּפָפוֹת (נ״ר)
corda (f)	'xevel	חֶבֶל (ז)
cordone (m)	sroẋ	שְׂרוֹך (ז)
filo (m) (~ del telefono)	ẋut	חוּט (ז)
cavo (m)	'kevel	כֶּבֶל (ז)
mazza (f)	kurnas	קוּרְנָס (ז)
palanchino (m)	lom	לוֹם (ז)
scala (f) a pioli	sulam	סוּלָם (ז)
scala (m) a libretto	sulam	סוּלָם (ז)
avvitare (stringere)	lehavrig	לְהַבְרִיג
svitare (vt)	lifˈtoaẋ, lehavrig	לִפְתוֹחַ, לְהַבְרִיג
stringere (vt)	lehadek	לְהַדֵק
incollare (vt)	lehadbik	לְהַדְבִּיק
tagliare (vt)	laẋtoẋ	לַחְתוֹך
guasto (m)	takala	תַקָלָה (נ)
riparazione (f)	tikun	תִיקוּן (ז)
riparare (vt)	letaken	לְתַקֵן
regolare (~ uno strumento)	leẋavnen	לְכַוּוֵן
verificare (ispezionare)	livdok	לִבְדוֹק
controllo (m)	bdika	בְּדִיקָה (נ)
lettura, indicazione (f)	kri'a	קְרִיאָה (נ)
sicuro (agg)	amin	אָמִין
complesso (agg)	murkav	מוּרְכָּב
arrugginire (vi)	lehaẋlid	לְהַחֲלִיד
arrugginito (agg)	ẋalud	חָלוּד
ruggine (f)	ẋaluda	חֲלוּדָה (נ)

Mezzi di trasporto

105. Aeroplano

aereo (m)	matos	מָטוֹס (ז)
biglietto (m) aereo	kartis tisa	כַּרְטִיס טִיסָה (ז)
compagnia (f) aerea	xevrat te'ufa	חֶבְרַת תְעוּפָה (נ)
aeroporto (m)	nemal te'ufa	נְמַל תְעוּפָה (ז)
supersonico (agg)	al koli	עַל קוֹלִי
comandante (m)	kabarnit	קַבַּרְנִיט (ז)
equipaggio (m)	'tsevet	צֶוֶות (ז)
pilota (m)	tayas	טַיָיס (ז)
hostess (f)	da'yelet	דַיֶילֶת (נ)
navigatore (m)	navat	נַוָוט (ז)
ali (f pl)	kna'fayim	כְּנָפַיִים (נ"ר)
coda (f)	zanav	זָנָב (ז)
cabina (f)	'kokpit	קוֹקְפִּיט (ז)
motore (m)	ma'no'a	מָנוֹעַ (ז)
carrello (m) d'atterraggio	kan nesi'a	כַּן נְסִיעָה (ז)
turbina (f)	tur'bina	טורבִּינָה (נ)
elica (f)	madxef	מַדחֵף (ז)
scatola (f) nera	kufsa ʃxora	קוּפסָה שחוֹרָה (נ)
barra (f) di comando	'hege	הֶגֶה (ז)
combustibile (m)	'delek	דֶלֶק (ז)
safety card (f)	hora'ot betixut	הוֹרָאוֹת בְּטִיחוּת (נ"ר)
maschera (f) ad ossigeno	masexat xamtsan	מַסֵיכַת חַמצָן (נ)
uniforme (f)	madim	מַדִים (ז"ר)
giubbotto (m) di salvataggio	xagorat hatsala	חֲגוֹרַת הַצָלָה (נ)
paracadute (m)	mitsnax	מִצנָח (ז)
decollo (m)	hamra'a	הַמרָאָה (נ)
decollare (vi)	lehamri	לְהַמרִיא
pista (f) di decollo	maslul hamra'a	מַסלוּל הַמרָאָה (ז)
visibilità (f)	re'ut	רְאוּת (נ)
volo (m)	tisa	טִיסָה (נ)
altitudine (f)	'gova	גוֹבַה (ז)
vuoto (m) d'aria	kis avir	כִּיס אֲוִויר (ז)
posto (m)	moʃav	מוֹשָׁב (ז)
cuffia (f)	ozniyot	אוֹזנִיוֹת (נ"ר)
tavolinetto (m) pieghevole	magaʃ mitkapel	מַגָשׁ מִתקַפֵּל (ז)
oblò (m), finestrino (m)	tsohar	צוֹהַר (ז)
corridoio (m)	ma'avar	מַעֲבָר (ז)

T&P Books. Vocabolario Italiano-Ebraico per studio autodidattico - 5000 parole

106. Treno

Italiano	Traslitterazione	Ebraico
treno (m)	ra'kevet	רַכֶּבֶת (נ)
elettrotreno (m)	ra'kevet parvarim	רַכֶּבֶת פַּרְבָרִים (נ)
treno (m) rapido	ra'kevet mehira	רַכֶּבֶת מְהִירָה (נ)
locomotiva (f) diesel	katar 'dizel	קַטָר דִיזָל (ז)
locomotiva (f) a vapore	katar	קַטָר (ז)
carrozza (f)	karon	קָרוֹן (ז)
vagone (m) ristorante	kron misʻada	קרוֹן מִסְעָדָה (ז)
rotaie (f pl)	mesilot	מְסִילוֹת (נ״ר)
ferrovia (f)	mesilat barzel	מְסִילַת בַּרְזָל (נ)
traversa (f)	'eden	אֶדֶן (ז)
banchina (f) (~ ferroviaria)	ratsif	רָצִיף (ז)
binario (m) (~ 1, 2)	mesila	מְסִילָה (נ)
semaforo (m)	ramzor	רַמְזוֹר (ז)
stazione (f)	taxana	תַחֲנָה (נ)
macchinista (m)	nahag ra'kevet	נֶהָג רַכֶּבֶת (ז)
portabagagli (m)	sabal	סַבָּל (ז)
cuccettista (m, f)	sadran ra'kevet	סַדרָן רַכֶּבֶת (ז)
passeggero (m)	noʻseʻa	נוֹסֵעַ (ז)
controllore (m)	bodek	בּוֹדֵק (ז)
corridoio (m)	prozdor	פְּרוֹזדוֹר (ז)
freno (m) di emergenza	maʻatsar xirum	מַעֲצַר חִירוּם (ז)
scompartimento (m)	ta	תָא (ז)
cuccetta (f)	dargaʃ	דַרגָש (ז)
cuccetta (f) superiore	dargaʃ elyon	דַרגָש עֶליוֹן (ז)
cuccetta (f) inferiore	dargaʃ taxton	דַרגָש תַחתוֹן (ז)
biancheria (f) da letto	matsaʻim	מַצָעִים (ז״ר)
biglietto (m)	kartis	כַּרְטִיס (ז)
orario (m)	'luax zmanim	לוּחַ זְמַנִים (ז)
tabellone (m) orari	ʃelet meida	שֶלֶט מֵידָע (ז)
partire (vi)	latset	לָצֵאת
partenza (f)	yetsiʼa	יְצִיאָה (נ)
arrivare (di un treno)	lehaʻgiʻa	לְהַגִיעַ
arrivo (m)	hagaʻa	הַגָעָה (נ)
arrivare con il treno	lehaʻgiʻa beraʻkevet	לְהַגִיעַ בְּרַכֶּבֶת
salire sul treno	laʻalot leraʻkevet	לַעֲלוֹת לְרַכֶּבֶת
scendere dal treno	laʻredet meharaʻkevet	לָרֶדֶת מֵהָרַכֶּבֶת
deragliamento (m)	hitraskut	הִתְרַסְקוּת (נ)
deragliare (vi)	laʻredet mipasei raʻkevet	לָרֶדֶת מִפַּסֵי רַכֶּבֶת
locomotiva (f) a vapore	katar	קַטָר (ז)
fuochista (m)	masik	מַסִיק (ז)
forno (m)	kivʃan	כִּבשָן (ז)
carbone (m)	pexam	פֶּחָם (ז)

107. Nave

Italiano	Traslitterazione	Ebraico
nave (f)	sfina	סְפִינָה (נ)
imbarcazione (f)	sfina	סְפִינָה (נ)
piroscafo (m)	oniyat kitor	אוֹנִיַּית קִיטוֹר (נ)
barca (f) fluviale	sfinat nahar	סְפִינַת נָהָר (נ)
transatlantico (m)	oniyat ta'anugot	אוֹנִיַּית תַּעֲנוּגוֹת (נ)
incrociatore (m)	sa'yeret	סַיֶּרֶת (נ)
yacht (m)	'yaχta	יַכְטָה (נ)
rimorchiatore (m)	go'reret	גּוֹרֶרֶת (נ)
chiatta (f)	arba	אַרְבָּה (נ)
traghetto (m)	ma'a'boret	מַעֲבּוֹרֶת (נ)
veliero (m)	sfinat mifras	סְפִינַת מִפְרָשׂ (נ)
brigantino (m)	briganit	בְּרִיגָנִית (נ)
rompighiaccio (m)	ʃo'veret 'keraχ	שׁוֹבֶרֶת קֶרַח (נ)
sottomarino (m)	tso'lelet	צוֹלֶלֶת (נ)
barca (f)	sira	סִירָה (נ)
scialuppa (f)	sira	סִירָה (נ)
scialuppa (f) di salvataggio	sirat hatsala	סִירַת הַצָּלָה (נ)
motoscafo (m)	sirat ma'no'a	סִירַת מָנוֹעַ (נ)
capitano (m)	rav χovel	רַב־חוֹבֵל (ז)
marittimo (m)	malaχ	מַלָּח (ז)
marinaio (m)	yamai	יַמַּאי (ז)
equipaggio (m)	'tsevet	צֶוֶת (ז)
nostromo (m)	rav malaχim	רַב־מַלָּחִים (ז)
mozzo (m) di nave	'na'ar sipun	נַעַר סִיפּוּן (ז)
cuoco (m)	tabaχ	טַבָּח (ז)
medico (m) di bordo	rofe ha'oniya	רוֹפֵא הָאוֹנִיָּיה (ז)
ponte (m)	sipun	סִיפּוּן (ז)
albero (m)	'toren	תּוֹרֶן (ז)
vela (f)	mifras	מִפְרָשׂ (ז)
stiva (f)	'beten oniya	בֶּטֶן אוֹנִיָּיה (נ)
prua (f)	χartom	חַרְטוֹם (ז)
poppa (f)	yarketei hasfina	יַרְכְּתֵי הַסְּפִינָה (ז״ר)
remo (m)	maʃot	מָשׁוֹט (ז)
elica (f)	madχef	מַדְחֵף (ז)
cabina (f)	ta	תָּא (ז)
quadrato (m) degli ufficiali	mo'adon ktsinim	מוֹעֲדוֹן קְצִינִים (ז)
sala (f) macchine	χadar meχonot	חֲדַר מְכוֹנוֹת (ז)
ponte (m) di comando	'geʃer hapikud	גֶּשֶׁר הַפִּיקּוּד (ז)
cabina (f) radiotelegrafica	ta alχutan	תָּא אַלְחוּטָן (ז)
onda (f)	'teder	תֶּדֶר (ז)
giornale (m) di bordo	yoman ha'oniya	יוֹמַן הָאוֹנִיָּיה (ז)
cannocchiale (m)	miʃ'kefet	מִשְׁקֶפֶת (נ)
campana (f)	pa'amon	פַּעֲמוֹן (ז)

bandiera (f)	'degel	דֶּגֶל (ז)
cavo (m) (~ d'ormeggio)	avot ha'oniya	עֲבוֹת הָאֳנִיָּה (נ)
nodo (m)	'keʃer	קֶשֶׁר (ז)
ringhiera (f)	ma'ake hasipun	מַעֲקֵה הַסִּיפּוּן (ז)
passerella (f)	'keveʃ	כֶּבֶשׁ (ז)
ancora (f)	'ogen	עוֹגֶן (ז)
levare l'ancora	leharim 'ogen	לְהָרִים עוֹגֶן
gettare l'ancora	la'agon	לַעֲגוֹן
catena (f) dell'ancora	ʃar'ʃeret ha'ogen	שַׁרְשֶׁרֶת הָעוֹגֶן (נ)
porto (m)	namal	נָמֵל (ז)
banchina (f)	'mezaχ	מֶזַח (ז)
ormeggiarsi (vr)	la'agon	לַעֲגוֹן
salpare (vi)	lehaflig	לְהַפְלִיג
viaggio (m)	masa, tiyul	מַסָּע (ז), טִיּוּל (ז)
crociera (f)	'ʃayit	שַׁיִט (ז)
rotta (f)	kivun	כִּיווּן (ז)
itinerario (m)	nativ	נָתִיב (ז)
tratto (m) navigabile	nativ 'ʃayit	נְתִיב שַׁיִט (ז)
secca (f)	sirton	שִׂרְטוֹן (ז)
arenarsi (vr)	la'alot al hasirton	לַעֲלוֹת עַל הַשִּׂרְטוֹן
tempesta (f)	sufa	סוּפָה (נ)
segnale (m)	ot	אוֹת (ז)
affondare (andare a fondo)	lit'bo'a	לִטְבּוֹעַ
Uomo in mare!	adam ba'mayim!	אָדָם בַּמַּיִם!
SOS	kri'at hatsala	קְרִיאַת הַצָּלָה
salvagente (m) anulare	galgal hatsala	גַּלְגַּל הַצָּלָה (ז)

108. Aeroporto

aeroporto (m)	nemal te'ufa	נְמַל תְּעוּפָה (ז)
aereo (m)	matos	מָטוֹס (ז)
compagnia (f) aerea	χevrat te'ufa	חֶבְרַת תְּעוּפָה (נ)
controllore (m) di volo	bakar tisa	בַּקָּר טִיסָה (ז)
partenza (f)	hamra'a	הַמְרָאָה (נ)
arrivo (m)	neχita	נְחִיתָה (נ)
arrivare (vi)	leha'gi'a betisa	לְהַגִּיעַ בְּטִיסָה
ora (f) di partenza	zman hamra'a	זְמַן הַמְרָאָה (ז)
ora (f) di arrivo	zman neχita	זְמַן נְחִיתָה (ז)
essere ritardato	lehit'akev	לְהִתְעַכֵּב
volo (m) ritardato	ikuv hatisa	עִיכּוּב הַטִּיסָה (ז)
tabellone (m) orari	'luaχ meida	לוּחַ מֵידָע (ז)
informazione (f)	meida	מֵידָע (ז)
annunciare (vt)	leho'dia	לְהוֹדִיעַ
volo (m)	tisa	טִיסָה (נ)

dogana (f)	'meχes	מֶכֶס (ז)
doganiere (m)	pakid 'meχes	פְּקִיד מֶכֶס (ז)
dichiarazione (f)	hatsharat meχes	הַצְהָרַת מֶכֶס (נ)
riempire (~ una dichiarazione)	lemale	לְמַלֵּא
riempire una dichiarazione	lemale 'tofes hatshara	לְמַלֵּא טוֹפֶס הַצְהָרָה
controllo (m) passaporti	bdikat darkonim	בְּדִיקַת דַּרְכּוֹנִים (נ)
bagaglio (m)	kvuda	כְּבוּדָה (נ)
bagaglio (m) a mano	kvudat yad	כְּבוּדַת יָד (נ)
carrello (m)	eglat kvuda	עֶגְלַת כְּבוּדָה (נ)
atterraggio (m)	neχita	נְחִיתָה (נ)
pista (f) di atterraggio	maslul neχita	מַסְלוּל נְחִיתָה (ז)
atterrare (vi)	linχot	לִנְחוֹת
scaletta (f) dell'aereo	'keveʃ	כֶּבֶשׁ (ז)
check-in (m)	tʃek in	צ'ֶק אִין (ז)
banco (m) del check-in	dalpak tʃek in	דַּלְפַּק צ'ֶק אִין (ז)
fare il check-in	leva'tse'a tʃek in	לְבַצֵּעַ צ'ֶק אִין
carta (f) d'imbarco	kartis aliya lematos	כַּרְטִיס עֲלִיָּה לְמָטוֹס (ז)
porta (f) d'imbarco	ʃa'ar yetsi'a	שַׁעַר יְצִיאָה (ז)
transito (m)	ma'avar	מַעֲבָר (ז)
aspettare (vt)	lehamtin	לְהַמְתִּין
sala (f) d'attesa	traklin tisa	טְרַקְלִין טִיסָה (ז)
accompagnare (vt)	lelavot	לְלַוּוֹת
congedarsi (vr)	lomar lehitra'ot	לוֹמַר לְהִתְרָאוֹת

Situazioni quotidiane

109. Vacanze. Evento

Italiano	Traslitterazione	Ebraico
festa (f)	χagiga	חֲגִיגָה (נ)
festa (f) nazionale	χag le'umi	חַג לְאוּמִי (ז)
festività (f) civile	yom χag	יוֹם חַג (ז)
festeggiare (vt)	laχgog	לַחְגוֹג
avvenimento (m)	hitraχaʃut	הִתְרַחֲשׁוּת (נ)
evento (m) (organizzare un ~)	ei'ru'a	אֵירוּעַ (ז)
banchetto (m)	se'uda χagigit	סְעוּדָה חֲגִיגִית (נ)
ricevimento (m)	ei'ruaχ	אֵירוּחַ (ז)
festino (m)	miʃte	מִשְׁתֶּה (ז)
anniversario (m)	yom haʃana	יוֹם הַשָּׁנָה (ז)
giubileo (m)	χag hayovel	חַג הַיּוֹבֵל (ז)
festeggiare (vt)	laχgog	לַחְגוֹג
Capodanno (m)	ʃana χadaʃa	שָׁנָה חֲדָשָׁה (נ)
Buon Anno!	ʃana tova!	שָׁנָה טוֹבָה!
Babbo Natale (m)	'santa 'kla'us	סַנְטָה קְלָאוּס
Natale (m)	χag hamolad	חַג הַמּוֹלָד (ז)
Buon Natale!	χag hamolad sa'meaχ!	חַג הַמּוֹלָד שָׂמֵחַ!
Albero (m) di Natale	ets χag hamolad	עֵץ חַג הַמּוֹלָד (ז)
fuochi (m pl) artificiali	zikukim	זִיקוּקִים (ז"ר)
nozze (f pl)	χatuna	חֲתוּנָה (נ)
sposo (m)	χatan	חָתָן (ז)
sposa (f)	kala	כַּלָּה (נ)
invitare (vt)	lehazmin	לְהַזְמִין
invito (m)	hazmana	הַזְמָנָה (נ)
ospite (m)	o'reaχ	אוֹרֵחַ (ז)
andare a trovare	levaker	לְבַקֵּר
accogliere gli invitati	lekabel orχim	לְקַבֵּל אוֹרְחִים
regalo (m)	matana	מַתָּנָה (נ)
offrire (~ un regalo)	latet matana	לָתֵת מַתָּנָה
ricevere i regali	lekabel matanot	לְקַבֵּל מַתָּנוֹת
mazzo (m) di fiori	zer	זֵר (ז)
auguri (m pl)	braχa	בְּרָכָה (נ)
augurare (vt)	levareχ	לְבָרֵךְ
cartolina (f)	kartis braχa	כַּרְטִיס בְּרָכָה (ז)
mandare una cartolina	liʃ'loaχ gluya	לִשְׁלוֹחַ גְּלוּיָה
ricevere una cartolina	lekabel gluya	לְקַבֵּל גְּלוּיָה

brindisi (m)	leharim kosit	לְהָרִים כּוֹסִית
offrire (~ qualcosa da bere)	leχabed	לְכַבֵּד
champagne (m)	ʃam'panya	שַׁמְפַּנְיָה (נ)
divertirsi (vr)	lehanot	לֵיהָנוֹת
allegria (f)	alitsut	עֲלִיצוּת (נ)
gioia (f)	simχa	שִׂמְחָה (נ)
danza (f), ballo (m)	rikud	רִיקוּד (ז)
ballare (vi, vt)	lirkod	לִרְקוֹד
valzer (m)	vals	וַלְס (ז)
tango (m)	'tango	טַנְגּוֹ (ז)

110. Funerali. Sepoltura

cimitero (m)	beit kvarot	בֵּית קְבָרוֹת (ז)
tomba (f)	'kever	קֶבֶר (ז)
croce (f)	tslav	צְלָב (ז)
pietra (f) tombale	matseva	מַצֵּבָה (נ)
recinto (m)	gader	גָּדֵר (נ)
cappella (f)	beit tfila	בֵּית תְּפִילָה (ז)
morte (f)	'mavet	מָוֶות (ז)
morire (vi)	lamut	לָמוּת
defunto (m)	niftar	נִפְטָר (ז)
lutto (m)	'evel	אֵבֶל (ז)
seppellire (vt)	likbor	לִקְבּוֹר
sede (f) di pompe funebri	beit levayot	בֵּית לְוָיוֹת (ז)
funerale (m)	levaya	לְוָיָה (נ)
corona (f) di fiori	zer	זֵר (ז)
bara (f)	aron metim	אֲרוֹן מֵתִים (ז)
carro (m) funebre	kron hamet	קְרוֹן הַמֵּת (ז)
lenzuolo (m) funebre	taχriχim	תַּכְרִיכִים (ז"ר)
corteo (m) funebre	tahaluχat 'evel	תַּהֲלוּכַת אֵבֶל (נ)
urna (f) funeraria	kad 'efer	כַּד אֵפֶר (ז)
crematorio (m)	misrafa	מִשְׂרָפָה (נ)
necrologio (m)	moda'at 'evel	מוֹדָעַת אֵבֶל (נ)
piangere (vi)	livkot	לִבְכּוֹת
singhiozzare (vi)	lehitya'peaχ	לְהִתְיַפֵּחַ

111. Guerra. Soldati

plotone (m)	maχlaka	מַחְלָקָה (נ)
compagnia (f)	pluga	פְּלוּגָה (נ)
reggimento (m)	χativa	חֲטִיבָה (נ)
esercito (m)	tsava	צָבָא (ז)
divisione (f)	ugda	אוּגְדָּה (נ)

distaccamento (m)	kita	פִּיתָה (נ)
armata (f)	'xayil	חַיִל (ז)
soldato (m)	xayal	חַיָּל (ז)
ufficiale (m)	katsin	קָצִין (ז)
soldato (m) semplice	turai	טוּרַאי (ז)
sergente (m)	samal	סַמָּל (ז)
tenente (m)	'segen	סֶגֶן (ז)
capitano (m)	'seren	סֶרֶן (ז)
maggiore (m)	rav 'seren	רַב־סֶרֶן (ז)
colonnello (m)	aluf miʃne	אַלּוּף מִשְׁנֶה (ז)
generale (m)	aluf	אַלּוּף (ז)
marinaio (m)	yamai	יַמַּאי (ז)
capitano (m)	rav xovel	רַב־חוֹבֵל (ז)
nostromo (m)	rav malaxim	רַב־מַלָּחִים (ז)
artigliere (m)	totxan	תּוֹתְחָן (ז)
paracadutista (m)	tsanxan	צַנְחָן (ז)
pilota (m)	tayas	טַיָּס (ז)
navigatore (m)	navat	נַוָּט (ז)
meccanico (m)	mexonai	מְכוֹנַאי (ז)
geniere (m)	xablan	חַבְּלָן (ז)
paracadutista (m)	tsanxan	צַנְחָן (ז)
esploratore (m)	iʃ modi'in kravi	אִישׁ מוֹדִיעִין קְרָבִי (ז)
cecchino (m)	tsalaf	צַלָּף (ז)
pattuglia (f)	siyur	סִיּוּר (ז)
pattugliare (vt)	lefatrel	לְפַטְרֵל
sentinella (f)	zakif	זָקִיף (ז)
guerriero (m)	loxem	לוֹחֵם (ז)
patriota (m)	patriyot	פַּטְרִיוֹט (ז)
eroe (m)	gibor	גִּיבּוֹר (ז)
eroina (f)	gibora	גִּיבּוֹרָה (נ)
traditore (m)	boged	בּוֹגֵד (ז)
tradire (vt)	livgod	לִבְגּוֹד
disertore (m)	arik	עָרִיק (ז)
disertare (vi)	la'arok	לַעֲרוֹק
mercenario (m)	sxir 'xerev	שְׂכִיר חֶרֶב (ז)
recluta (f)	tiron	טִירוֹן (ז)
volontario (m)	mitnadev	מִתְנַדֵּב (ז)
ucciso (m)	harug	הָרוּג (ז)
ferito (m)	pa'tsu'a	פָּצוּעַ (ז)
prigioniero (m) di guerra	ʃavui	שָׁבוּי (ז)

112. Guerra. Azioni militari. Parte 1

guerra (f)	milxama	מִלְחָמָה (נ)
essere in guerra	lehilaxem	לְהִילָחֵם

guerra (f) civile	mil'xemet ezraxim	מִלְחֶמֶת אֶזְרָחִים (נ)
perfidamente	bogdani	בּוֹגְדָנִי
dichiarazione (f) di guerra	haxrazat milxama	הַכְרָזַת מִלְחָמָה (נ)
dichiarare (~ guerra)	lehaxriz	לְהַכְרִיז
aggressione (f)	tokfanut	תּוֹקְפָנוּת (נ)
attaccare (vt)	litkof	לִתְקוֹף
invadere (vt)	lixboʃ	לִכְבּוֹשׁ
invasore (m)	koveʃ	כּוֹבֵשׁ (ז)
conquistatore (m)	koveʃ	כּוֹבֵשׁ (ז)
difesa (f)	hagana	הֲגָנָה (נ)
difendere (~ un paese)	lehagen al	לְהָגֵן עַל
difendersi (vr)	lehitgonen	לְהִתְגּוֹנֵן
nemico (m)	oyev	אוֹיֵב (ז)
avversario (m)	yariv	יָרִיב (ז)
ostile (agg)	ʃel oyev	שֶׁל אוֹיֵב
strategia (f)	astra'tegya	אַסְטְרָטֶגְיָה (נ)
tattica (f)	'taktika	טַקְטִיקָה (נ)
ordine (m)	pkuda	פְּקוּדָה (נ)
comando (m)	pkuda	פְּקוּדָה (נ)
ordinare (vt)	lifkod	לִפְקוֹד
missione (f)	mesima	מְשִׂימָה (נ)
segreto (agg)	sodi	סוֹדִי
battaglia (f)	ma'araxa	מַעֲרָכָה (נ)
combattimento (m)	krav	קְרָב (ז)
attacco (m)	hatkafa	הַתְקָפָה (נ)
assalto (m)	hista'arut	הִסְתָּעֲרוּת (נ)
assalire (vt)	lehista'er	לְהִסְתָּעֵר
assedio (m)	matsor	מָצוֹר (ז)
offensiva (f)	mitkafa	מִתְקָפָה (נ)
passare all'offensiva	latset lemitkafa	לָצֵאת לְמִתְקָפָה
ritirata (f)	nesiga	נְסִיגָה (נ)
ritirarsi (vr)	la'seget	לָסֶגֶת
accerchiamento (m)	kitur	כִּיתוּר (ז)
accerchiare (vt)	lexater	לְכַתֵּר
bombardamento (m)	haftsatsa	הַפְצָצָה (נ)
lanciare una bomba	lehatil ptsatsa	לְהָטִיל פְּצָצָה
bombardare (vt)	lehaftsits	לְהַפְצִיץ
esplosione (f)	pitsuts	פִּיצוּץ (ז)
sparo (m)	yeriya	יְרִיָּה (נ)
sparare un colpo	lirot	לִירוֹת
sparatoria (f)	'yeri	יְרִי (ז)
puntare su …	lexaven 'neʃek	לְכַוֵּון נֶשֶׁק
puntare (~ una pistola)	lexaven	לְכַוֵּון

Italiano	Traslitterazione	Ebraico
colpire (~ il bersaglio)	lik'lo'a	לקלוע
affondare (mandare a fondo)	lehat'bi'a	להטביע
falla (f)	pirtsa	פְּרְצָה (נ)
affondare (andare a fondo)	lit'bo'a	לטבוע
fronte (m) (~ di guerra)	χazit	חָזִית (נ)
evacuazione (f)	pinui	פִּינוּי (ז)
evacuare (vt)	lefanot	לפנות
trincea (f)	te'ala	תְּעָלָה (נ)
filo (m) spinato	'tayil dokrani	תַּיִל דּוֹקְרָנִי (ז)
sbarramento (m)	maχsom	מַחְסוֹם (ז)
torretta (f) di osservazione	migdal ʃmira	מִגְדַל שְׁמִירָה (ז)
ospedale (m) militare	boit χolim tsva'i	בֵּית חוֹלִים צְבָאִי (ז)
ferire (vt)	lif'tso'a	לפצוע
ferita (f)	'petsa	פֶּצַע (ז)
ferito (m)	pa'tsu'a	פָּצוּעַ (ז)
rimanere ferito	lehipatsa	לְהִיפָּצַע
grave (ferita ~)	kaʃe	קָשֶׁה

113. Guerra. Azioni militari. Parte 2

Italiano	Traslitterazione	Ebraico
prigionia (f)	'ʃevi	שְׁבִי (ז)
fare prigioniero	la'kaχat be'ʃevi	לָקַחַת בְּשֶׁבִי
essere prigioniero	lihyot be'ʃevi	לִהיוֹת בְּשֶׁבִי
essere fatto prigioniero	lipol be'ʃevi	לִיפּוֹל בַּשֶּׁבִי
campo (m) di concentramento	maχane rikuz	מַחֲנֵה רִיכּוּז (ז)
prigioniero (m) di guerra	ʃavui	שָׁבוּי (ז)
fuggire (vi)	liv'roaχ	לברוח
tradire (vt)	livgod	לבגוד
traditore (m)	boged	בּוֹגֵד (ז)
tradimento (m)	bgida	בְּגִידָה (נ)
fucilare (vt)	lehotsi la'horeg	לְהוֹצִיא לַהוֹרֵג
fucilazione (f)	hotsa'a le'horeg	הוֹצָאָה לַהוֹרֵג (נ)
divisa (f) militare	tsiyud	צִיוּד (ז)
spallina (f)	ko'tefet	כּוֹתֶפֶת (נ)
maschera (f) antigas	maseχat 'abaχ	מַסֵיכַת אָבָ"ךְ (נ)
radiotrasmettitore (m)	maχʃir 'keʃer	מַכְשִׁיר קֶשֶׁר (ז)
codice (m)	'tsofen	צוֹפֶן (ז)
complotto (m)	χaʃa'iut	חֲשָׁאִיוּת (נ)
parola (f) d'ordine	sisma	סִיסְמָה (נ)
mina (f)	mokeʃ	מוֹקֵשׁ (ז)
minare (~ la strada)	lemakeʃ	לְמַקֵשׁ
campo (m) minato	sde mokʃim	שְׂדֵה מוֹקְשִׁים (ז)
allarme (m) aereo	az'aka	אַזעָקָה (נ)
allarme (m)	az'aka	אַזעָקָה (נ)

segnale (m)	ot	אוֹת (ז)
razzo (m) di segnalazione	zikuk az'aka	זִיקוּק אַזְעָקָה (ז)
quartier (m) generale	mifkada	מִפְקָדָה (נ)
esplorazione (m)	isuf modi'in	אִיסוּף מוֹדִיעִין (ז)
situazione (f)	matsav	מַצָּב (ז)
rapporto (m)	doχ	דוֹ"ח (ז)
agguato (m)	ma'arav	מַאֲרָב (ז)
rinforzo (m)	tig'boret	תִגְבּוֹרֶת (נ)
bersaglio (m)	matara	מַטָּרָה (נ)
terreno (m) di caccia	sde imunim	שְׂדֵה אִימוּנִים (ז)
manovre (f pl)	timronim	תִמְרוֹנִים (ז"ר)
panico (m)	behala	בֶּהָלָה (נ)
devastazione (f)	'heres	הֶרֶס (ז)
distruzione (m)	harisot	הֲרִיסוֹת (נ"ר)
distruggere (vt)	laharos	לַהֲרוֹס
sopravvivere (vi, vt)	lisrod	לִשְׂרוֹד
disarmare (vt)	lifrok mi'nefek	לִפְרוֹק מִנֶּשֶׁק
maneggiare (una pistola, ecc.)	lehiʃtameʃ be...	לְהִשְׁתַּמֵּשׁ בְּ...
Attenti!	amod dom!	עֲמוֹד דוֹם!
Riposo!	amod 'noaχ!	עֲמוֹד נוֹחַ!
atto (m) eroico	ma'ase gvura	מַעֲשֵׂה גְבוּרָה (ז)
giuramento (m)	ʃvu'a	שְׁבוּעָה (נ)
giurare (vi)	lehiʃava	לְהִישָׁבַע
decorazione (f)	itur	עִיטוּר (ז)
decorare (qn)	leha'anik	לְהַעֲנִיק
medaglia (f)	me'dalya	מֶדַלְיָה (נ)
ordine (m) (~ al Merito)	ot hitstainut	אוֹת הִצְטַיְּנוּת (ז)
vittoria (f)	nitsaχon	נִיצָחוֹן (ז)
sconfitta (m)	tvusa	תְבוּסָה (נ)
armistizio (m)	hafsakat eʃ	הַפְסָקַת אֵשׁ (נ)
bandiera (f)	'degel	דֶגֶל (ז)
gloria (f)	tehila	תְהִילָה (נ)
parata (f)	mits'ad	מִצְעָד (ז)
marciare (in parata)	lits'od	לִצְעוֹד

114. Armi

armi (f pl)	'neʃek	נֶשֶׁק (ז)
arma (f) da fuoco	'neʃek χam	נֶשֶׁק חַם (ז)
arma (f) bianca	'neʃek kar	נֶשֶׁק קַר (ז)
armi (f pl) chimiche	'neʃek 'χimi	נֶשֶׁק כִימִי (ז)
nucleare (agg)	gar'ini	גַרְעִינִי
armi (f pl) nucleari	'neʃek gar'ini	נֶשֶׁק גַרְעִינִי (ז)

bomba (f)	ptsatsa	פְּצָצָה (נ)
bomba (f) atomica	ptsatsa a'tomit	פְּצָצָה אָטוֹמִית (נ)
pistola (f)	ekdax	אֶקְדָּח (ז)
fucile (m)	rove	רוֹבֶה (ז)
mitra (m)	tat mak'le'a	תַּת־מַקְלֵעַ (ז)
mitragliatrice (f)	mak'le'a	מַקְלֵעַ (ז)
bocca (f)	kane	קָנֶה (ז)
canna (f)	kane	קָנֶה (ז)
calibro (m)	ka'liber	קָלִיבֵּר (ז)
grilletto (m)	'hedek	הֶדֶק (ז)
mirino (m)	ka'venet	כַּוֶּנֶת (נ)
caricatore (m)	maxsanit	מַחְסָנִית (נ)
calcio (m)	kat	קַת (נ)
bomba (f) a mano	rimon	רִימוֹן (ז)
esplosivo (m)	'xomer 'nefets	חוֹמֶר נֶפֶץ (ז)
pallottola (f)	ka'li'a	קְלִיעַ (ז)
cartuccia (f)	kadur	כַּדּוּר (ז)
carica (f)	te'ina	טְעִינָה (נ)
munizioni (f pl)	tax'moset	תַּחְמוֹשֶׁת (נ)
bombardiere (m)	maftsits	מַפְצִיץ (ז)
aereo (m) da caccia	metos krav	מְטוֹס קְרָב (ז)
elicottero (m)	masok	מַסּוֹק (ז)
cannone (m) antiaereo	totax 'neged metosim	תּוֹתָח נֶגֶד מְטוֹסִים (ז)
carro (m) armato	tank	טַנְק (ז)
cannone (m)	totax	תּוֹתָח (ז)
artiglieria (f)	arti'lerya	אַרְטִילֶרְיָה (נ)
cannone (m)	totax	תּוֹתָח (ז)
mirare a ...	lexaven	לְכַוֵּון
proiettile (m)	pagaz	פָּגָז (ז)
granata (f) da mortaio	ptsatsat margema	פְּצָצַת מַרְגֵּמָה (נ)
mortaio (m)	margema	מַרְגֵּמָה (נ)
scheggia (f)	resis	רְסִיס (ז)
sottomarino (m)	tso'lelet	צוֹלֶלֶת (נ)
siluro (m)	tor'pedo	טוֹרְפֶּדוֹ (ז)
missile (m)	til	טִיל (ז)
caricare (~ una pistola)	lit'on	לִטְעוֹן
sparare (vi)	lirot	לִירוֹת
puntare su ...	lexaven	לְכַוֵּון
baionetta (f)	kidon	כִּידוֹן (ז)
spada (f)	'xerev	חֶרֶב (נ)
sciabola (f)	'xerev parasim	חֶרֶב פָּרָשִׁים (ז)
lancia (f)	xanit	חֲנִית (נ)
arco (m)	'keset	קֶשֶׁת (נ)
freccia (f)	xets	חֵץ (ז)

moschetto (m)	musket	מוסקט (ז)
balestra (f)	'keʃet metsu'levet	קֶשֶׁת מְצוּלֶבֶת (נ)

115. Gli antichi

primitivo (agg)	kadmon	קַדְמוֹן
preistorico (agg)	prehis'tori	פְּרֶהִיסְטוֹרִי
antico (agg)	atik	עַתִּיק
Età (f) della pietra	idan ha''even	עִידָן הָאֶבֶן (ז)
Età (f) del bronzo	idan ha'arad	עִידָן הָאֲרָד (ז)
epoca (f) glaciale	idan ha'keraχ	עִידָן הַקֶּרַח (ז)
tribù (f)	'ʃevet	שֵׁבֶט (ז)
cannibale (m)	oχel adam	אוֹכֵל אָדָם (ז)
cacciatore (m)	tsayad	צַיָּד (ז)
cacciare (vt)	latsud	לָצוּד
mammut (m)	ma'muta	מָמוּתָה (נ)
caverna (f), grotta (f)	me'ara	מְעָרָה (נ)
fuoco (m)	eʃ	אֵשׁ (נ)
falò (m)	medura	מְדוּרָה (נ)
pittura (f) rupestre	pet'roglif	פֶּטְרוֹגְלִיף (ז)
strumento (m) di lavoro	kli	כְּלִי (ז)
lancia (f)	χanit	חֲנִית (נ)
ascia (f) di pietra	garzen ha'even	גַּרְזֶן הָאֶבֶן (ז)
essere in guerra	lehilaχem	לְהִילָחֵם
addomesticare (vt)	levayet	לְבַיֵּת
idolo (m)	'pesel	פֶּסֶל (ז)
idolatrare (vt)	la'avod et	לַעֲבוֹד אֶת
superstizione (f)	emuna tfela	אֱמוּנָה תְּפֵלָה (נ)
rito (m)	'tekes	טֶקֶס (ז)
evoluzione (f)	evo'lutsya	אֶבוֹלוּצִיָּה (נ)
sviluppo (m)	hitpatχut	הִתְפַּתְּחוּת (נ)
estinzione (f)	he'almut	הֵיעָלְמוּת (נ)
adattarsi (vr)	lehistagel	לְהִסְתַּגֵּל
archeologia (f)	arχe'o'logya	אַרְכֵיאוֹלוֹגְיָה (נ)
archeologo (m)	arχe'olog	אַרְכֵיאוֹלוֹג (ז)
archeologico (agg)	arχe'o'logi	אַרְכֵיאוֹלוֹגִי
sito (m) archeologico	atar χafirot	אֲתַר חֲפִירוֹת (ז)
scavi (m pl)	χafirot	חֲפִירוֹת (נ"ר)
reperto (m)	mimtsa	מִמְצָא (ז)
frammento (m)	resis	רְסִיס (ז)

116. Il Medio Evo

popolo (m)	am	עַם (ז)
popoli (m pl)	amim	עַמִּים (ז"ר)

tribù (f)	ʃevet	שֵׁבֶט (ז)
tribù (f pl)	ʃvatim	שְׁבָטִים (ז"ר)
barbari (m pl)	bar'barim	בַּרְבָּרִים (ז"ר)
galli (m pl)	'galim	גָאלִים (ז"ר)
goti (m pl)	'gotim	גוֹתִים (ז"ר)
slavi (m pl)	'slavim	סלָאבִים (ז"ר)
vichinghi (m pl)	'vikingim	וִיקִינגִים (ז"ר)
romani (m pl)	roma'im	רוֹמָאִים (ז"ר)
romano (agg)	'romi	רוֹמִי
bizantini (m pl)	bi'zantim	בִּיזַנטִים (ז"ר)
Bisanzio (m)	bizantion, bizants	בִּיזַנטִיוֹן, בִּיזַנץ (נ)
bizantino (agg)	bi'zanti	בִּיזַנטִי
imperatore (m)	keisar	קֵיסָר (ז)
capo (m)	manhig	מַנהִיג (ז)
potente (un re ~)	rav 'koax	רַב־כּוֹחַ
re (m)	'melex	מֶלֶךְ (ז)
governante (m) (sovrano)	ʃalit	שַׁלִיט (ז)
cavaliere (m)	abir	אַבִּיר (ז)
feudatario (m)	fe'odal	פִיאוֹדָל (ז)
feudale (agg)	fe'o'dali	פִיאוֹדָלִי
vassallo (m)	vasal	וַסָל (ז)
duca (m)	dukas	דוּכָּס (ז)
conte (m)	rozen	רוֹזֵן (ז)
barone (m)	baron	בָּרוֹן (ז)
vescovo (m)	'biʃof	בִּישׁוֹף (ז)
armatura (f)	ʃiryon	שִׁריוֹן (ז)
scudo (m)	magen	מָגֵן (ז)
spada (f)	'xerev	חֶרֶב (נ)
visiera (f)	magen panim	מָגֵן פָּנִים (ז)
cotta (f) di maglia	ʃiryon kaskasim	שִׁריוֹן קַשׂקַשִׂים (ז)
crociata (f)	masa tslav	מַסָע צְלָב (ז)
crociato (m)	tsalban	צַלבָּן (ז)
territorio (m)	ʃetax	שֶׁטַח (ז)
attaccare (vt)	litkof	לִתקוֹף
conquistare (vt)	lixboʃ	לִכבּוֹשׁ
occupare (invadere)	lehiʃtalet	לְהִשׁתַלֵט
assedio (m)	matsor	מָצוֹר (ז)
assediato (agg)	natsur	נָצוּר
assediare (vt)	latsur	לָצוּר
inquisizione (f)	inkvi'zitsya	אִינקוִויזִיציָה (נ)
inquisitore (m)	inkvi'zitor	אִינקוִויזִיטוֹר (ז)
tortura (f)	inui	עִינוּי (ז)
crudele (agg)	axzari	אַכזָרִי
eretico (m)	kofer	כּוֹפֵר (ז)
eresia (f)	kfira	כּפִירָה (נ)

navigazione (f)	haflaga bayam	הַפְלָגָה בַּיָם (נ)
pirata (m)	ʃoded yam	שׁוֹדֵד יָם (ז)
pirateria (f)	pi'ratiyut	פִּירָטִיוּת (נ)
arrembaggio (m)	la'alot al	לַעֲלוֹת עַל
bottino (m)	ʃalal	שָׁלָל (ז)
tesori (m)	otsarot	אוֹצָרוֹת (ז"ר)
scoperta (f)	taglit	תַּגְלִית (נ)
scoprire (~ nuove terre)	legalot	לְגַלוֹת
spedizione (f)	miʃ'laxat	מִשְׁלַחַת (נ)
moschettiere (m)	musketer	מוּסְקֵטֵר (ז)
cardinale (m)	xaʃman	חַשְׁמָן (ז)
araldica (f)	he'raldika	הֶכַלְדִיקָה (נ)
araldico (agg)	he'raldi	הֶכַלְדִי

117. Leader. Capo. Le autorità

re (m)	'melex	מֶלֶךְ (ז)
regina (f)	malka	מַלְכָּה (נ)
reale (agg)	malxuti	מַלְכוּתִי
regno (m)	mamlaxa	מַמְלָכָה (נ)
principe (m)	nasix	נָסִיךְ (ז)
principessa (f)	nesixa	נְסִיכָה (נ)
presidente (m)	nasi	נָשִׂיא (ז)
vicepresidente (m)	sgan nasi	סְגַן נָשִׂיא (ז)
senatore (m)	se'nator	סֶנָאטוֹר (ז)
monarca (m)	'melex	מֶלֶךְ (ז)
governante (m) (sovrano)	ʃalit	שַׁלִיט (ז)
dittatore (m)	rodan	רוֹדָן (ז)
tiranno (m)	aruts	עָרוּץ (ז)
magnate (m)	eil hon	אֵיל הוֹן (ז)
direttore (m)	menahel	מְנַהֵל (ז)
capo (m)	menahel, roʃ	מְנַהֵל (ז), רֹאשׁ (ז)
dirigente (m)	menahel	מְנַהֵל (ז)
capo (m)	bos	בּוֹס (ז)
proprietario (m)	'ba'al	בַּעַל (ז)
leader (m)	manhig	מַנְהִיג (ז)
capo (m) (~ delegazione)	roʃ	רֹאשׁ (ז)
autorità (f pl)	ʃiltonot	שִׁלְטוֹנוֹת (ז"ר)
superiori (m pl)	memunim	מְמוּנִים (ז"ר)
governatore (m)	moʃel	מוֹשֵׁל (ז)
console (m)	'konsul	קוֹנְסוּל (ז)
diplomatico (m)	diplomat	דִיפְּלוֹמָט (ז)
sindaco (m)	roʃ ha'ir	רֹאשׁ הָעִיר (ז)
sceriffo (m)	ʃerif	שֶׁרִיף (ז)
imperatore (m)	keisar	קֵיסָר (ז)
zar (m)	tsar	צָאר (ז)

faraone (m)	par'o	פַּרְעֹה (ז)
khan (m)	χan	חָאן (ז)

118. Infrangere la legge. Criminali. Parte 1

bandito (m)	ʃoded	שׁוֹדֵד (ז)
delitto (m)	'peʃa	פֶּשַׁע (ז)
criminale (m)	po'ʃe'a	פּוֹשֵׁעַ (ז)
ladro (m)	ganav	גַּנָּב (ז)
rubare (vi, vt)	lignov	לִגְנוֹב
furto (m), ruberia (f)	gneva	גְּנֵיבָה (נ)
ruberia (f)	gneva	גְּנֵיבָה (נ)
rapire (vt)	laχatof	לַחֲטוֹף
rapimento (m)	χatifa	חֲטִיפָה (נ)
rapitore (m)	χotef	חוֹטֵף (ז)
riscatto (m)	'kofer	כּוֹפֶר (ז)
chiedere il riscatto	lidroʃ 'kofer	לִדְרוֹשׁ כּוֹפֶר
rapinare (vt)	liʃdod	לִשְׁדּוֹד
rapina (f)	ʃod	שׁוֹד (ז)
rapinatore (m)	ʃoded	שׁוֹדֵד (ז)
estorcere (vt)	lisχot	לִסְחוֹט
estorsore (m)	saχtan	סַחְטָן (ז)
estorsione (f)	saχtanut	סַחְטָנוּת (נ)
uccidere (vt)	lir'tsoaχ	לִרְצוֹחַ
assassinio (m)	'retsaχ	רֶצַח (ז)
assassino (m)	ro'tseaχ	רוֹצֵחַ (ז)
sparo (m)	yeriya	יְרִיָּה (נ)
tirare un colpo	lirot	לִירוֹת
abbattere (con armi da fuoco)	lirot la'mavet	לִירוֹת לַמָּוֶת
sparare (vi)	lirot	לִירוֹת
sparatoria (f)	'yeri	יְרִי (ז)
incidente (m) (rissa, ecc.)	takrit	תַּקְרִית (נ)
rissa (f)	ktata	קְטָטָה (נ)
Aiuto!	ha'tsilu!	הַצִּילוּ!
vittima (f)	nifga	נִפְגָּע (ז)
danneggiare (vt)	lekalkel	לְקַלְקֵל
danno (m)	'nezek	נֶזֶק (ז)
cadavere (m)	gufa	גּוּפָה (נ)
grave (reato ~)	χamur	חָמוּר
aggredire (vt)	litkof	לִתְקוֹף
picchiare (vt)	lehakot	לְהַכּוֹת
malmenare (picchiare)	lehakot	לְהַכּוֹת
sottrarre (vt)	la'kaχat be'koaχ	לָקַחַת בְּכוֹחַ
accoltellare a morte	lidkor le'mavet	לִדְקוֹר לַמָּוֶת

mutilare (vt)	lehatil mum	לְהָטִיל מוּם
ferire (vt)	lif'tso'a	לִפְצֹעַ
ricatto (m)	saxtanut	סַחְטָנוּת (נ)
ricattare (vt)	lisxot	לִסְחֹט
ricattatore (m)	saxtan	סַחְטָן (ז)
estorsione (f)	dmei xasut	דְמֵי חָסוּת (ז"ר)
estortore (m)	gove xasut	גוֹבֶה חָסוּת (ז)
gangster (m)	'gangster	גַנְגְסְטֶר (ז)
mafia (f)	'mafya	מָאפְיָה (נ)
borseggiatore (m)	kayas	כַּיָס (ז)
scassinatore (m)	porets	פּוֹרֵץ (ז)
contrabbando (m)	havraxa	הַבְרָחָה (נ)
contrabbandiere (m)	mav'riax	מַבְרִיחַ (ז)
falsificazione (f)	ziyuf	זִיוּף (ז)
falsificare (vt)	lezayef	לְזַיֵיף
falso, falsificato (agg)	mezuyaf	מְזוּיָף

119. Infrangere la legge. Criminali. Parte 2

stupro (m)	'ones	אוֹנֶס (ז)
stuprare (vt)	le'enos	לֶאֱנוֹס
stupratore (m)	anas	אַנָס (ז)
maniaco (m)	'manyak	מַנְיָאק (ז)
prostituta (f)	zona	זוֹנָה (נ)
prostituzione (f)	znut	זְנוּת (נ)
magnaccia (m)	sarsur	סַרְסוּר (ז)
drogato (m)	narkoman	נַרְקוֹמָן (ז)
trafficante (m) di droga	soxer samim	סוֹחֵר סָמִים (ז)
far esplodere	lefotsets	לְפוֹצֵץ
esplosione (f)	pitsuts	פִּיצוּץ (ז)
incendiare (vt)	lehatsit	לְהַצִית
incendiario (m)	matsit	מַצִית (ז)
terrorismo (m)	terorizm	טֶרוֹרִיזְם (ז)
terrorista (m)	mexabel	מְחַבֵּל (ז)
ostaggio (m)	ben aruba	בֶּן עֲרוּבָּה (ז)
imbrogliare (vt)	lehonot	לְהוֹנוֹת
imbroglio (m)	hona'a	הוֹנָאָה (נ)
imbroglione (m)	ramai	רַמַאי (ז)
corrompere (vt)	lefaxed	לְשַחֵד
corruzione (f)	'foxad	שׁוֹחַד (ז)
bustarella (f)	'foxad	שׁוֹחַד (ז)
veleno (m)	'ra'al	רַעַל (ז)
avvelenare (vt)	lehar'il	לְהַרְעִיל

avvelenarsi (vr)	lehar'il et atsmo	לְהַרְעִיל אֶת עַצְמוֹ
suicidio (m)	hit'abdut	הִתְאַבְּדוּת (נ)
suicida (m)	mit'abed	מִתְאַבֵּד (ז)
minacciare (vt)	le'ayem	לְאַיֵּים
minaccia (f)	iyum	אִיּוּם (ז)
attentare (vi)	lehitnakeʃ	לְהִתְנַקֵּשׁ
attentato (m)	nisayon hitnakʃut	נִיסָיוֹן הִתְנַקְּשׁוּת (ז)
rubare (~ una macchina)	lignov	לִגְנוֹב
dirottare (~ un aereo)	laχatof matos	לַחֲטוֹף מָטוֹס
vendetta (f)	nekama	נְקָמָה (נ)
vendicare (vt)	linkom	לִנְקוֹם
torturare (vt)	la'anot	לְעַנּוֹת
tortura (f)	inui	עִינּוּי (ז)
maltrattare (vt)	leyaser	לְיַיסֵּר
pirata (m)	ʃoded yam	שׁוֹדֵד יָם (ז)
teppista (m)	χuligan	חוּלִיגָאן (ז)
armato (agg)	mezuyan	מְזוּיָן
violenza (f)	alimut	אַלִּימוּת (נ)
illegale (agg)	'bilti le'gali	בִּלְתִי לֶגָלִי
spionaggio (m)	rigul	רִיגּוּל (ז)
spiare (vi)	leragel	לְרַגֵּל

120. Polizia. Legge. Parte 1

giustizia (f)	'tsedek	צֶדֶק (ז)
tribunale (m)	beit miʃpat	בֵּית מִשְׁפָּט (ז)
giudice (m)	ʃofet	שׁוֹפֵט (ז)
giurati (m)	muʃba'im	מוּשְׁבָּעִים (ז"ר)
processo (m) con giuria	χaver muʃba'im	חָבֵר מוּשְׁבָּעִים (ז)
giudicare (vt)	liʃpot	לִשְׁפּוֹט
avvocato (m)	oreχ din	עוֹרֵךְ דִּין (ז)
imputato (m)	omed lemiʃpat	עוֹמֵד לְמִשְׁפָּט (ז)
banco (m) degli imputati	safsal ne'eʃamim	סַפְסַל נֶאֱשָׁמִים (ז)
accusa (f)	ha'aʃama	הַאֲשָׁמָה (נ)
accusato (m)	ne'eʃam	נֶאֱשָׁם (ז)
condanna (f)	gzar din	גְּזַר דִּין (ז)
condannare (vt)	lifsok	לִפְסוֹק
colpevole (m)	aʃem	אָשֵׁם (ז)
punire (vt)	leha'aniʃ	לְהַעֲנִישׁ
punizione (f)	'oneʃ	עוֹנֶשׁ (ז)
multa (f), ammenda (f)	knas	קְנָס (ז)
ergastolo (m)	ma'asar olam	מַאֲסַר עוֹלָם (ז)

pena (f) di morte	'oneʃ 'mavet	עוֹנֶשׁ מָוֶת (ז)
sedia (f) elettrica	kise xaʃmali	כִּיסֵא חַשְׁמַלִי (ז)
impiccagione (f)	gardom	גַרדוֹם (ז)
giustiziare (vt)	lehotsi la'horeg	לְהוֹצִיא לַהוֹרֵג
esecuzione (f)	hatsa'a le'horeg	הוֹצָאָה לַהוֹרֵג (ז)
prigione (f)	beit 'sohar	בֵּית סוֹהַר (ז)
cella (f)	ta	תָא (ז)
scorta (f)	miʃmar livui	מִשׁמָר לִיווּי (ז)
guardia (f) carceraria	soher	סוֹהֵר (ז)
prigioniero (m)	asir	אָסִיר (ז)
manette (f pl)	azikim	אֲזִיקִים (ז"ר)
mettere le manette	lixbol be'azikim	לִכבּוֹל בַּאֲזִיקִים
fuga (f)	brixa	בּרִיחָה (נ)
fuggire (vi)	liv'roax	לִברוֹחַ
scomparire (vi)	lehe'alem	לְהֵיעָלֵם
liberare (vt)	leʃaxrer	לְשַׁחרֵר
amnistia (f)	xanina	חֲנִינָה (נ)
polizia (f)	miʃtara	מִשׁטָרָה (נ)
poliziotto (m)	ʃoter	שׁוֹטֵר (ז)
commissariato (m)	taxanat miʃtara	תַחֲנַת מִשׁטָרָה (נ)
manganello (m)	ala	אָלָה (נ)
altoparlante (m)	megafon	מֶגָפוֹן (ז)
macchina (f) di pattuglia	na'yedet	נַייֶדֶת (נ)
sirena (f)	tsofar	צוֹפָר (ז)
mettere la sirena	lehaf'il tsofar	לְהַפעִיל צוֹפָר
suono (m) della sirena	tsfira	צפִירָה (נ)
luogo (m) del crimine	zirat 'peʃa	זִירַת פֶּשַׁע (נ)
testimone (m)	ed	עֵד (ז)
libertà (f)	'xofeʃ	חוֹפֶשׁ (ז)
complice (m)	ʃutaf	שׁוּתָף (ז)
fuggire (vi)	lehixave	לְהֵיחָבֵא
traccia (f)	akev	עָקֵב (ז)

121. Polizia. Legge. Parte 2

ricerca (f) (~ di un criminale)	xipus	חִיפּוּשׂ (ז)
cercare (vt)	lexapes	לְחַפֵּשׂ
sospetto (m)	xaʃad	חָשָׁד (ז)
sospetto (agg)	xaʃud	חָשׁוּד
fermare (vt)	la'atsor	לַעֲצוֹר
arrestare (qn)	la'atsor	לַעֲצוֹר
causa (f)	tik	תִיק (ז)
inchiesta (f)	xakira	חֲקִירָה (נ)
detective (m)	balaʃ	בַּלָשׁ (ז)
investigatore (m)	xoker	חוֹקֵר (ז)

versione (f)	haʃara	הַשְׁעָרָה (נ)
movente (m)	me'niʻa	מֵנִיעַ (ז)
interrogatorio (m)	χakira	חֲקִירָה (נ)
interrogare (sospetto)	laχkor	לַחְקוֹר
interrogare (vicini)	letaʃel	לְתַשְׁאֵל
controllo (m) (~ di polizia)	bdika	בְּדִיקָה (נ)
retata (f)	matsod	מָצוֹד (ז)
perquisizione (f)	χipus	חִיפּוּשׂ (ז)
inseguimento (m)	mirdaf	מִרְדָף (ז)
inseguire (vt)	lirdof aχarei	לִרְדוֹף אַחֲרֵי
essere sulle tracce	laʻakov aχarei	לַעֲקוֹב אַחֲרֵי
arresto (m)	ma'asar	מַאֲסָר (ז)
arrestare (qn)	le'esor	לֶאֱסוֹר
catturare (~ un ladro)	lilkod	לִלְכּוֹד
cattura (f)	leχida	לְכִידָה (נ)
documento (m)	mismaχ	מִסְמָךְ (ז)
prova (f), reperto (m)	hoχaχa	הוֹכָחָה (נ)
provare (vt)	leho'χiaχ	לְהוֹכִיחַ
impronta (f) del piede	akev	עָקֵב (ז)
impronte (f pl) digitali	tviʻot etsbaʻot	טְבִיעוֹת אֶצְבָּעוֹת (נ"ר)
elemento (m) di prova	re'aya	רְאָיָה (נ)
alibi (m)	'alibi	אָלִיבִּי (ז)
innocente (agg)	χaf mi'peʃa	חַף מִפֶּשַׁע
ingiustizia (f)	i 'tsedek	אִי צֶדֶק (ז)
ingiusto (agg)	lo tsodek	לֹא צוֹדֵק
criminale (agg)	plili	פְּלִילִי
confiscare (vt)	lehaχrim	לְהַחְרִים
droga (f)	sam	סַם (ז)
armi (f pl)	'neʃek	נֶשֶׁק (ז)
disarmare (vt)	lifrok mi'neʃek	לִפְרוֹק מִנֶשֶׁק
ordinare (vt)	lifkod	לִפְקוֹד
sparire (vi)	lehe'alem	לְהֵיעָלֵם
legge (f)	χok	חוֹק (ז)
legale (agg)	χuki	חוּקִי
illegale (agg)	'bilti χuki	בִּלְתִי חוּקִי
responsabilità (f)	aχrayut	אַחְרָיוּת (נ)
responsabile (agg)	aχrai	אַחְרַאי

LA NATURA

La Terra. Parte 1

122. L'Universo

cosmo (m)	χalal	חָלָל (ז)
cosmico, spaziale (agg)	ʃel χalal	שֶׁל חָלָל
spazio (m) cosmico	χalal χitson	חָלָל חִיצוֹן (ז)
mondo (m)	olam	עוֹלָם (ז)
universo (m)	yekum	יְקוּם (ז)
galassia (f)	ga'laksya	גָלַקסיָה (נ)
stella (f)	koχav	כּוֹכָב (ז)
costellazione (f)	tsvir koχavim	צבִיר כּוֹכָבִים (ז)
pianeta (m)	koχav 'leχet	כּוֹכָב לֶכֶת (ז)
satellite (m)	lavyan	לַוויָן (ז)
meteorite (m)	mete'orit	מֶטֶאוֹרִיט (ז)
cometa (f)	koχav ʃavit	כּוֹכָב שָבִיט (ז)
asteroide (m)	aste'ro'id	אַסטֶרוֹאִיד (ז)
orbita (f)	maslul	מַסלוּל (ז)
ruotare (vi)	lesovev	לסוֹבֵב
atmosfera (f)	atmos'fera	אַטמוֹספֵרָה (נ)
il Sole	'ʃemeʃ	שֶׁמֶשׁ (נ)
sistema (m) solare	ma'a'reχet ha'ʃemeʃ	מַעֲרֶכֶת הַשֶׁמֶשׁ (נ)
eclisse (f) solare	likui χama	לִיקוּי חַמָה (ז)
la Terra	kadur ha''arets	כַּדוּר הָאָרֶץ (ז)
la Luna	ya'reaχ	יָרֵחַ (ז)
Marte (m)	ma'adim	מַאֲדִים (ז)
Venere (f)	'noga	נוֹגַה (ז)
Giove (m)	'tsedek	צֶדֶק (ז)
Saturno (m)	ʃabtai	שַׁבּתַאי (ז)
Mercurio (m)	koχav χama	כּוֹכָב חַמָה (ז)
Urano (m)	u'ranus	אוּרָנוּס (ז)
Nettuno (m)	neptun	נֶפּטוּן (ז)
Plutone (m)	'pluto	פּלוּטוֹ (ז)
Via (f) Lattea	ʃvil haχalav	שבִיל הֶחָלָב (ז)
Orsa (f) Maggiore	duba gdola	דוּבָּה גדוֹלָה (נ)
Stella (f) Polare	koχav hatsafon	כּוֹכָב הַצָפוֹן (ז)
marziano (m)	toʃav ma'adim	תוֹשָׁב מַאֲדִים (ז)
extraterrestre (m)	χutsan	חוּצָן (ז)

alieno (m)	χaizar	חַיָּזָר (ז)
disco (m) volante	tsa'laχat me'o'fefet	צַלַּחַת מְעוֹפֶפֶת (נ)
nave (f) spaziale	χalalit	חֲלָלִית (נ)
stazione (f) spaziale	taχanat χalal	תַּחֲנַת חָלָל (נ)
lancio (m)	hamra'a	הַמְרָאָה (נ)
motore (m)	ma'no'a	מָנוֹעַ (ז)
ugello (m)	neχir	נְחִיר (ז)
combustibile (m)	'delek	דֶּלֶק (ז)
cabina (f) di pilotaggio	'kokpit	קוֹקְפִּיט (ז)
antenna (f)	an'tena	אַנְטֶנָּה (נ)
oblò (m)	eʃnav	אֶשְׁנָב (ז)
batteria (f) solare	'luaχ so'lari	לוּחַ סוֹלָרִי (ז)
scafandro (m)	χalifat χalal	חֲלִיפַת חָלָל (נ)
imponderabilità (f)	'χoser miʃkal	חוֹסֶר מִשְׁקָל (ז)
ossigeno (m)	χamtsan	חַמְצָן (ז)
aggancio (m)	agina	עֲגִינָה (נ)
agganciarsi (vr)	la'agon	לַעֲגוֹן
osservatorio (m)	mitspe koχavim	מִצְפֵּה כּוֹכָבִים (ז)
telescopio (m)	teleskop	טֶלֶסְקוֹפּ (ז)
osservare (vt)	litspot, lehaʃkif	לִצְפּוֹת, לְהַשְׁקִיף
esplorare (vt)	laχkor	לַחְקוֹר

123. La Terra

la Terra	kadur ha''arets	כַּדּוּר הָאָרֶץ (ז)
globo (m) terrestre	kadur ha''arets	כַּדּוּר הָאָרֶץ (ז)
pianeta (m)	koχav 'leχet	כּוֹכַב לֶכֶת (ז)
atmosfera (f)	atmos'fera	אַטְמוֹסְפֵרָה (נ)
geografia (f)	ge'o'grafya	גֵּיאוֹגְרַפְיָה (נ)
natura (f)	'teva	טֶבַע (ז)
mappamondo (m)	'globus	גְּלוֹבּוּס (ז)
carta (f) geografica	mapa	מַפָּה (נ)
atlante (m)	'atlas	אַטְלָס (ז)
Europa (f)	ei'ropa	אֵירוֹפָּה (נ)
Asia (f)	'asya	אַסְיָה (נ)
Africa (f)	'afrika	אַפְרִיקָה (נ)
Australia (f)	ost'ralya	אוֹסְטְרַלְיָה (נ)
America (f)	a'merika	אָמֶרִיקָה (נ)
America (f) del Nord	a'merika hatsfonit	אָמֶרִיקָה הַצְּפוֹנִית (נ)
America (f) del Sud	a'merika hadromit	אָמֶרִיקָה הַדְּרוֹמִית (נ)
Antartide (f)	ya'beʃet an'tarktika	יַבֶּשֶׁת אַנְטָאַרְקְטִיקָה (נ)
Artico (m)	'arktika	אַרְקְטִיקָה (נ)

124. Punti cardinali

nord (m)	tsafon	צָפוֹן (ז)
a nord	tsa'fona	צָפוֹנָה
al nord	batsafon	בַּצָפוֹן
del nord (agg)	tsfoni	צְפוֹנִי
sud (m)	darom	דָרוֹם (ז)
a sud	da'roma	דָרוֹמָה
al sud	badarom	בַּדָרוֹם
del sud (agg)	dromi	דְרוֹמִי
ovest (m)	ma'arav	מַעֲרָב (ז)
a ovest	ma'a'rava	מַעֲרָבָה
all'ovest	bama'arav	בַּמַעֲרָב
dell'ovest, occidentale	ma'aravi	מַעֲרָבִי
est (m)	mizraχ	מִזְרָח (ז)
a est	miz'raχa	מִזְרָחָה
all'est	bamizraχ	בַּמִזְרָח
dell'est, orientale	mizraχi	מִזְרָחִי

125. Mare. Oceano

mare (m)	yam	יָם (ז)
oceano (m)	ok'yanos	אוֹקיָאנוֹס (ז)
golfo (m)	mifrats	מִפְרָץ (ז)
stretto (m)	meitsar	מֵיצָר (ז)
terra (f) (terra firma)	yabaʃa	יַבָּשָה (נ)
continente (m)	ya'beʃet	יַבֶּשֶת (נ)
isola (f)	i	אִי (ז)
penisola (f)	χatsi i	חָצִי אִי (ז)
arcipelago (m)	arχipelag	אַרכִיפֶּלָג (ז)
baia (f)	mifrats	מִפְרָץ (ז)
porto (m)	namal	נָמָל (ז)
laguna (f)	la'guna	לָגוּנָה (נ)
capo (m)	kef	כֵּף (ז)
atollo (m)	atol	אָטוֹל (ז)
scogliera (f)	ʃunit	שׁוּנִית (נ)
corallo (m)	almog	אַלמוֹג (ז)
barriera (f) corallina	ʃunit almogim	שׁוּנִית אַלמוֹגִים (נ)
profondo (agg)	amok	עָמוֹק
profondità (f)	'omek	עוֹמֶק (ז)
abisso (m)	tehom	תְהוֹם (נ)
fossa (f) (~ delle Marianne)	maχteʃ	מַכתֵש (ז)
corrente (f)	'zerem	זֶרֶם (ז)
circondare (vt)	lehakif	לְהַקִיף
litorale (m)	χof	חוֹף (ז)

costa (f)	χof yam	חוֹף יָם (ז)
alta marea (f)	ge'ut	גֵּאוּת (נ)
bassa marea (f)	ʃefel	שֶׁפֶל (ז)
banco (m) di sabbia	sirton	שִׂרְטוֹן (ז)
fondo (m)	karka'it	קַרְקָעִית (נ)
onda (f)	gal	גַּל (ז)
cresta (f) dell'onda	pisgat hagal	פִּסְגַּת הַגַּל (נ)
schiuma (f)	'ketsef	קֶצֶף (ז)
tempesta (f)	sufa	סוּפָה (נ)
uragano (m)	hurikan	הוֹרִיקָן (ז)
tsunami (m)	tsu'nami	צוּנָאמִי (ז)
bonaccia (f)	'roga	רוֹגַע (ז)
tranquillo (agg)	ʃalev	שָׁלֵו
polo (m)	'kotev	קוֹטֶב (ז)
polare (agg)	kotbi	קוֹטְבִּי
latitudine (f)	kav 'roχav	קַו רוֹחַב (ז)
longitudine (f)	kav 'oreχ	קַו אוֹרֶךְ (ז)
parallelo (m)	kav 'roχav	קַו רוֹחַב (ז)
equatore (m)	kav hamaʃve	קַו הַמַּשְׁוֶה (ז)
cielo (m)	ʃa'mayim	שָׁמַיִים (ז"ר)
orizzonte (m)	'ofek	אוֹפֶק (ז)
aria (f)	avir	אֲוִויר (ז)
faro (m)	migdalor	מִגְדַּלוֹר (ז)
tuffarsi (vr)	litslol	לִצְלֹל
affondare (andare a fondo)	lit'bo'a	לִטְבּוֹעַ
tesori (m)	otsarot	אוֹצָרוֹת (ז"ר)

126. Nomi dei mari e degli oceani

Oceano (m) Atlantico	ha'ok'yanus ha'at'lanti	הָאוֹקְיָינוֹס הָאַטְלַנְטִי (ז)
Oceano (m) Indiano	ha'ok'yanus ha'hodi	הָאוֹקְיָינוֹס הַהוֹדִי (ז)
Oceano (m) Pacifico	ha'ok'yanus haʃaket	הָאוֹקְיָינוֹס הַשָּׁקֵט (ז)
mar (m) Glaciale Artico	ok'yanos ha'keraχ hatsfoni	אוֹקְיָינוֹס הַקֶּרַח הַצְּפוֹנִי (ז)
mar (m) Nero	hayam haʃaχor	הַיָּם הַשָּׁחוֹר (ז)
mar (m) Rosso	yam suf	יַם סוּף (ז)
mar (m) Giallo	hayam hatsahov	הַיָּם הַצָּהֹוב (ז)
mar (m) Bianco	hayam halavan	הַיָּם הַלָּבָן (ז)
mar (m) Caspio	hayam ha'kaspi	הַיָּם הַכַּסְפִּי (ז)
mar (m) Morto	yam ha'melaχ	יַם הַמֶּלַח (ז)
mar (m) Mediterraneo	hayam hatiχon	הַיָּם הַתִּיכוֹן (ז)
mar (m) Egeo	hayam ha'e'ge'i	הַיָּם הָאֲגָאִי (ז)
mar (m) Adriatico	hayam ha'adri'yati	הַיָּם הָאַדְרִיָיאתִי (ז)
mar (m) Arabico	hayam ha'aravi	הַיָּם הָעֲרָבִי (ז)
mar (m) del Giappone	hayam haya'pani	הַיָּם הַיַפָּנִי (ז)

mare (m) di Bering	yam 'bering	יָם בֶּרִינג (ז)
mar (m) Cinese meridionale	yam sin hadromi	יָם סִין הַדרוֹמִי (ז)
mar (m) dei Coralli	yam ha'almogim	יָם הָאַלמוֹגִים (ז)
mar (m) di Tasman	yam tasman	יָם טַסמָן (ז)
mar (m) dei Caraibi	hayam haka'ribi	הַיָם הַקָרִיבִּי (ז)
mare (m) di Barents	yam 'barents	ים בָּרֶנץ (ז)
mare (m) di Kara	yam 'kara	יָם קָאהָ (ז)
mare (m) del Nord	hayam hatsfoni	הַיָם הַצפוֹנִי (ז)
mar (m) Baltico	hayam ha'balti	הַיָם הַבַּלטִי (ז)
mare (m) di Norvegia	hayam hanor'vegi	הַיָם הַנוֹרבֶגִי (ז)

127. Montagne

monte (m), montagna (f)	har	הַר (ז)
catena (f) montuosa	'reẋes harim	רֶכֶס הָרִים (ז)
crinale (m)	'reẋes har	רֶכֶס הַר (ז)
cima (f)	pisga	פִּסגָה (נ)
picco (m)	pisga	פִּסגָה (נ)
piedi (m pl)	margelot	מַרגְלוֹת (נ״ר)
pendio (m)	midron	מִדרוֹן (ז)
vulcano (m)	har 'ga'aʃ	הַר גַעַש (ז)
vulcano (m) attivo	har 'ga'aʃ pa'il	הַר גַעַש פָּעִיל (ז)
vulcano (m) inattivo	har 'ga'aʃ radum	הַר גַעַש רָדוּם (ז)
eruzione (f)	hitpartsut	הִתפָּרצוּת (נ)
cratere (m)	lo'a	לוֹעַ (ז)
magma (m)	megama	מַגמָה (נ)
lava (f)	'lava	לָאבָה (נ)
fuso (lava ~a)	lohet	לוֹהֵט
canyon (m)	kanyon	קָניוֹן (ז)
gola (f)	gai	גַיא (ז)
crepaccio (m)	'beka	בֶּקַע (ז)
precipizio (m)	tehom	תְהוֹם (נ)
passo (m), valico (m)	ma'avar harim	מַעֲבַר הָרִים (ז)
altopiano (m)	rama	רָמָה (נ)
falesia (f)	tsuk	צוּק (ז)
collina (f)	giv'a	גִבעָה (נ)
ghiacciaio (m)	karẋon	קַרחוֹן (ז)
cascata (f)	mapal 'mayim	מַפַּל מַיִם (ז)
geyser (m)	'geizer	גֵייזֶר (ז)
lago (m)	agam	אֲגַם (ז)
pianura (f)	miʃor	מִישוֹר (ז)
paesaggio (m)	nof	נוֹף (ז)
eco (f)	hed	הֵד (ז)
alpinista (m)	metapes harim	מְטַפֵּס הָרִים (ז)

scalatore (m)	metapes sla'im	מְטַפֵּס סְלָעִים (ז)
conquistare (~ una cima)	lixboʃ	לִכְבּוֹשׁ
scalata (f)	tipus	טִיפּוּס (ז)

128. Nomi delle montagne

Alpi (f pl)	harei ha"alpim	הָרֵי הָאָלְפִּים (ז"ר)
Monte (m) Bianco	mon blan	מוֹן בְּלָאן (ז)
Pirenei (m pl)	pire'ne'im	פִּירֶנֶאִים (ז"ר)
Carpazi (m pl)	kar'patim	קַרְפָּטִים (ז"ר)
gli Urali (m pl)	harei ural	הָרֵי אוּרָל (ז"ר)
Caucaso (m)	harei hakavkaz	הָרֵי הַקַווקָז (ז"ר)
Monte (m) Elbrus	elbrus	אֶלבּרוּס (ז)
Monti (m pl) Altai	harei altai	הָרֵי אַלְטָאי (ז"ר)
Tien Shan (m)	tyan ʃan	טִיאָן שָׁאן (ז)
Pamir (m)	harei pamir	הָרֵי פָּאמִיר (ז"ר)
Himalaia (m)	harei hehima'laya	הָרֵי הַהִימָלָאיָה (ז"ר)
Everest (m)	everest	אֶוֶורֶסט (ז)
Ande (f pl)	harei ha"andim	הָרֵי הָאָנדִים (ז"ר)
Kilimangiaro (m)	kiliman'dʒaro	קִילִימָנְגָ'רוֹ (ז)

129. Fiumi

fiume (m)	nahar	נָהָר (ז)
fonte (f) (sorgente)	ma'ayan	מַעֲיָין (ז)
letto (m) (~ del fiume)	afik	אָפִיק (ז)
bacino (m)	agan nahar	אֲגַן נָהָר (ז)
sfociare nel ...	lehiʃapex	לְהִישָׁפֵךְ
affluente (m)	yuval	יוּבַל (ז)
riva (f)	xof	חוֹף (ז)
corrente (f)	'zerem	זֶרֶם (ז)
a valle	bemorad hanahar	בְּמוֹרַד הַנָהָר
a monte	bema'ale hanahar	בְּמַעֲלֵה הַנָהָר
inondazione (f)	hatsafa	הָצָפָה (נ)
piena (f)	ʃitafon	שִׁיטָפוֹן (ז)
straripare (vi)	la'alot al gdotav	לַעֲלוֹת עַל גְדוֹתָיו
inondare (vt)	lehatsif	לְהָצִיף
secca (f)	sirton	שִׂרטוֹן (ז)
rapida (f)	'eʃed	אֶשֶׁד (ז)
diga (f)	'sexer	סֶכֶר (ז)
canale (m)	te'ala	תְעָלָה (נ)
bacino (m) di riserva	ma'agar 'mayim	מַאֲגַר מַיִם (ז)
chiusa (f)	ta 'ʃayit	תָא שַׁיִט (ז)
specchio (m) d'acqua	ma'agar 'mayim	מַאֲגַר מַיִם (ז)

palude (f)	bitsa	בִּיצָה (נ)
pantano (m)	bitsa	בִּיצָה (נ)
vortice (m)	me'ar'bolet	מְעַרְבּוֹלֶת (נ)
ruscello (m)	'naxal	נַחַל (ז)
potabile (agg)	ʃel ʃtiya	שֶׁל שְׁתִיָּה
dolce (di acqua ~)	metukim	מְתוּקִים
ghiaccio (m)	'kerax	קֶרַח (ז)
ghiacciarsi (vr)	likpo	לִקְפֹּא

130. Nomi dei fiumi

Senna (f)	hasen	הַסֵּן (ז)
Loira (f)	lu'ar	לוּאָר (ז)
Tamigi (m)	'temza	תֶּמְזָה (ז)
Reno (m)	hrain	הָרַיְן (ז)
Danubio (m)	da'nuba	דָּנוּבָּה (ז)
Volga (m)	'volga	ווֹלְגָה (ז)
Don (m)	nahar don	נְהַר דּוֹן (ז)
Lena (f)	'lena	לֶנָה (ז)
Fiume (m) Giallo	hvang ho	הוֹנְג הוֹ (ז)
Fiume (m) Azzurro	yangtse	יַאנגצֶה (ז)
Mekong (m)	mekong	מֶקוֹנג (ז)
Gange (m)	'ganges	גַנְגֶס (ז)
Nilo (m)	'nilus	נִילוּס (ז)
Congo (m)	'kongo	קוֹנגוֹ (ז)
Okavango	ok'vango	אוֹקָבָנגוֹ (ז)
Zambesi (m)	zam'bezi	זַמבֶּזִי (ז)
Limpopo (m)	limpopo	לִימפּוֹפּוֹ (ז)
Mississippi (m)	misi'sipi	מִיסִיסִיפִּי (ז)

131. Foresta

foresta (f)	'ya'ar	יַעַר (ז)
forestale (agg)	ʃel 'ya'ar	שֶׁל יַעַר
foresta (f) fitta	avi ha'ya'ar	עֲבִי הַיַּעַר (ז)
boschetto (m)	xurʃa	חוּרשָׁה (נ)
radura (f)	ka'raxat 'ya'ar	קָרַחַת יַעַר (נ)
roveto (m)	svax	סְבָךְ (ז)
boscaglia (f)	'siax	שִׂיחַ (ז)
sentiero (m)	ʃvil	שְׁבִיל (ז)
calanco (m)	'emek tsar	עֵמֶק צַר (ז)
albero (m)	ets	עֵץ (ז)
foglia (f)	ale	עָלֶה (ז)

fogliame (m)	alva	עָלְוָה (נ)
caduta (f) delle foglie	ʃa'leχet	שַׁלֶּכֶת (נ)
cadere (vi)	linʃor	לִנְשׁוֹר
cima (f)	tsa'meret	צַמֶּרֶת (נ)
ramo (m), ramoscello (m)	anaf	עָנָף (ז)
ramo (m)	anaf ave	עֲנַף עָבֶה (ז)
gemma (f)	nitsan	נִיצָן (ז)
ago (m)	'maχat	מַחַט (נ)
pigna (f)	itstrubal	אִצְטְרוּבָּל (ז)
cavità (f)	χor ba'ets	חוֹר בָּעֵץ (ז)
nido (m)	ken	קֵן (ז)
tana (f) (del fox, ecc.)	meχila	מְחִילָה (נ)
tronco (m)	'geza	גֶּזַע (ז)
radice (f)	'ʃoreʃ	שׁוֹרֶשׁ (ז)
corteccia (f)	klipa	קְלִיפָּה (נ)
musco (m)	taχav	טַחַב (ז)
sradicare (vt)	la'akor	לַעֲקוֹר
abbattere (~ un albero)	liχrot	לִכְרוֹת
disboscare (vt)	levare	לְבָרֵא
ceppo (m)	'gedem	גֶּדֶם (ז)
falò (m)	medura	מְדוּרָה (נ)
incendio (m) boschivo	srefa	שְׂרֵפָה (נ)
spegnere (vt)	leχabot	לְכַבּוֹת
guardia (f) forestale	ʃomer 'ya'ar	שׁוֹמֵר יַעַר (ז)
protezione (f)	ʃmira	שְׁמִירָה (נ)
proteggere (~ la natura)	liʃmor	לִשְׁמוֹר
bracconiere (m)	tsayad lelo reʃut	צַיָּיד לְלֹא רְשׁוּת (ז)
tagliola (f) (~ per orsi)	mal'kodet	מַלְכּוֹדֶת (נ)
raccogliere (vt)	lelaket	לְלַקֵּט
perdersi (vr)	lit'ot	לִתְעוֹת

132. Risorse naturali

risorse (f pl) naturali	otsarot 'teva	אוֹצְרוֹת טֶבַע (ז"ר)
minerali (m pl)	mine'ralim	מִינֶרָלִים (ז"ר)
deposito (m) (~ di carbone)	mirbats	מִרְבָּץ (ז)
giacimento (m) (~ petrolifero)	mirbats	מִרְבָּץ (ז)
estrarre (vt)	liχrot	לִכְרוֹת
estrazione (f)	kriya	כְּרִיָּה (נ)
minerale (m) grezzo	afra	עַפְרָה (נ)
miniera (f)	miχre	מִכְרֶה (ז)
pozzo (m) di miniera	pir	פִּיר (ז)
minatore (m)	kore	כּוֹרֶה (ז)
gas (m)	gaz	גַּז (ז)
gasdotto (m)	tsinor gaz	צִינוֹר גַּז (ז)

petrolio (m)	neft	נֶפְט (ז)
oleodotto (m)	tsinor neft	צִינוֹר נֶפְט (ז)
torre (f) di estrazione	be'er neft	בְּאֵר נֶפְט (נ)
torre (f) di trivellazione	migdal ki'duax	מִגְדַל קִידוּחַ (ז)
petroliera (f)	mexalit	מֵיכָלִית (נ)
sabbia (f)	xol	חוֹל (ז)
calcare (m)	'even gir	אֶבֶן גִיר (נ)
ghiaia (f)	xatsats	חָצָץ (ז)
torba (f)	kavul	כָּבוּל (ז)
argilla (f)	tit	טִיט (ז)
carbone (m)	pexam	פֶּחָם (ז)
ferro (m)	barzel	בַּרְזֶל (ז)
oro (m)	zahav	זָהָב (ז)
argento (m)	'kesef	כֶּסֶף (ז)
nichel (m)	'nikel	נִיקֶל (ז)
rame (m)	ne'xoʃet	נְחוֹשֶת (נ)
zinco (m)	avats	אָבָץ (ז)
manganese (m)	mangan	מַנגָן (ז)
mercurio (m)	kaspit	כַּסְפִּית (נ)
piombo (m)	o'feret	עוֹפֶרֶת (נ)
minerale (m)	mineral	מִינֶרָל (ז)
cristallo (m)	gaviʃ	גָבִיש (ז)
marmo (m)	'ʃayiʃ	שַיִש (ז)
uranio (m)	u'ranyum	אוּרָנְיוּם (ז)

La Terra. Parte 2

133. Tempo

tempo (m)	'mezeg avir	מֶזֶג אֲוִיר (ז)
previsione (f) del tempo	taxazit 'mezeg ha'avir	תַּחֲזִית מֶזֶג הָאֲוִיר (נ)
temperatura (f)	tempera'tura	טֶמפֶּרָטוּרָה (נ)
termometro (m)	madxom	מַדחוֹם (ז)
barometro (m)	ba'rometer	בָּרוֹמֶטֶר (ז)
umido (agg)	lax	לַח
umidità (f)	laxut	לַחוּת (נ)
caldo (m), afa (f)	xom	חוֹם (ז)
molto caldo (agg)	xam	חַם
fa molto caldo	xam	חַם
fa caldo	xamim	חָמִים
caldo, mite (agg)	xamim	חָמִים
fa freddo	kar	קַר
freddo (agg)	kar	קַר
sole (m)	'ʃemeʃ	שֶמֶש (נ)
splendere (vi)	lizhor	לִזהוֹר
di sole (una giornata ~)	ʃimʃi	שִמשִי
sorgere, levarsi (vr)	liz'roax	לִזרוֹחַ
tramontare (vi)	liʃ'ko'a	לִשקוֹעַ
nuvola (f)	anan	עָנָן (ז)
nuvoloso (agg)	me'unan	מְעוּנָן
nube (f) di pioggia	av	עָב (ז)
nuvoloso (agg)	sagriri	סַגרִירִי
pioggia (f)	'geʃem	גֶשֶם (ז)
piove	yored 'geʃem	יוֹרֵד גֶשֶם
piovoso (agg)	gaʃum	גָשוּם
piovigginare (vi)	letaftef	לְטַפטֵף
pioggia (f) torrenziale	matar	מָטָר (ז)
acquazzone (m)	mabul	מַבּוּל (ז)
forte (una ~ pioggia)	xazak	חָזָק
pozzanghera (f)	ʃlulit	שלוּלִית (נ)
bagnarsi (~ sotto la pioggia)	lehitratev	לְהִתרַטֵב
foschia (f), nebbia (f)	arapel	עֲרָפֶל (ז)
nebbioso (agg)	me'urpal	מְעוּרפָּל
neve (f)	'ʃeleg	שֶלֶג (ז)
nevica	yored 'ʃeleg	יוֹרֵד שֶלֶג

134. Rigide condizioni metereologiche. Disastri naturali

temporale (m)	sufat re'amim	סוּפַת רְעָמִים (נ)
fulmine (f)	barak	בָּרָק (ז)
lampeggiare (vi)	livhok	לִבהוֹק
tuono (m)	'ra'am	רַעַם (ז)
tuonare (vi)	lir'om	לִרעוֹם
tuona	lir'om	לִרעוֹם
grandine (f)	barad	בָּרָד (ז)
grandina	yored barad	יוֹרֵד בָּרָד
inondare (vt)	lehatsif	לְהָצִיף
inondazione (f)	ʃitafon	שִׁיטָפוֹן (ז)
terremoto (m)	re'idat adama	רְעִידַת אֲדָמָה (נ)
scossa (f)	re'ida	רְעִידָה (נ)
epicentro (m)	moked	מוֹקֵד (ז)
eruzione (f)	hitpartsut	הִתפָּרצוּת (נ)
lava (f)	'lava	לָאבָה (נ)
tromba (f) d'aria	hurikan	הוּרִיקָן (ז)
tornado (m)	tor'nado	טוֹרנָדוֹ (ז)
tifone (m)	taifun	טַייפוּן (ז)
uragano (m)	hurikan	הוּרִיקָן (ז)
tempesta (f)	sufa	סוּפָה (נ)
tsunami (m)	tsu'nami	צוּנָאמִי (ז)
ciclone (m)	tsiklon	צִיקלוֹן (ז)
maltempo (m)	sagrir	סַגרִיר (ז)
incendio (m)	srefa	שְׂרֵיפָה (נ)
disastro (m)	ason	אָסוֹן (ז)
meteorite (m)	mete'orit	מֶטָאוֹרִיט (ז)
valanga (f)	ma'polet ʃlagim	מַפּוֹלֶת שְׁלָגִים (נ)
slavina (f)	ma'polet ʃlagim	מַפּוֹלֶת שְׁלָגִים (נ)
tempesta (f) di neve	sufat ʃlagim	סוּפַת שְׁלָגִים (נ)
bufera (f) di neve	sufat ʃlagim	סוּפַת שְׁלָגִים (נ)

Fauna

135. Mammiferi. Predatori

predatore (m)	χayat 'teref	חַיַּת טֶרֶף (נ)
tigre (f)	'tigris	טִיגְרִיס (ז)
leone (m)	arye	אַרְיֵה (ז)
lupo (m)	ze'ev	זְאֵב (ז)
volpe (m)	ʃu'al	שׁוּעָל (ז)
giaguaro (m)	yagu'ar	יָגוּאָר (ז)
leopardo (m)	namer	נָמֵר (ז)
ghepardo (m)	bardelas	בַּרְדְּלָס (ז)
pantera (f)	panter	פַּנְתֵּר (ז)
puma (f)	'puma	פּוּמָה (נ)
leopardo (m) delle nevi	namer 'ʃeleg	נָמֵר שֶׁלֶג (ז)
lince (f)	ʃunar	שׁוּנָר (ז)
coyote (m)	ze'ev ha'aravot	זְאֵב הָעֲרָבוֹת (ז)
sciacallo (m)	tan	תַּן (ז)
iena (f)	tsa'vo'a	צָבוֹעַ (ז)

136. Animali selvatici

animale (m)	'ba'al χayim	בַּעַל חַיִּים (ז)
bestia (f)	χaya	חַיָּה (נ)
scoiattolo (m)	sna'i	סְנָאִי (ז)
riccio (m)	kipod	קִיפּוֹד (ז)
lepre (f)	arnav	אַרְנָב (ז)
coniglio (m)	ʃafan	שָׁפָן (ז)
tasso (m)	girit	גִּירִית (נ)
procione (f)	dvivon	דְּבִיבוֹן (ז)
criceto (m)	oger	אוֹגֵר (ז)
marmotta (f)	mar'mita	מַרְמִיטָה (נ)
talpa (f)	χafar'peret	חֲפַרְפֶּרֶת (נ)
topo (m)	aχbar	עַכְבָּר (ז)
ratto (m)	χulda	חוּלְדָּה (נ)
pipistrello (m)	atalef	עֲטַלֵּף (ז)
ermellino (m)	hermin	קַרְמִין (ז)
zibellino (m)	tsobel	צוֹבֶּל (ז)
martora (f)	dalak	דְּלָק (ז)
donnola (f)	χamus	חָמוּס (ז)
visone (m)	χorfan	חוֹרְפָּן (ז)

castoro (m)	bone	בּוֹנֶה (ז)
lontra (f)	lutra	לוּטְרָה (נ)

cavallo (m)	sus	סוּס (ז)
alce (m)	ayal hakore	אַיָּל הַקּוֹרֵא (ז)
cervo (m)	ayal	אַיָּל (ז)
cammello (m)	gamal	גָּמָל (ז)

bisonte (m) americano	bizon	בִּיזוֹן (ז)
bisonte (m) europeo	bizon ei'ropi	בִּיזוֹן אֵירוֹפִּי (ז)
bufalo (m)	te'o	תְּאוֹ (ז)

zebra (f)	'zebra	זֶבְּרָה (נ)
antilope (f)	anti'lopa	אַנְטִילוֹפָּה (ז)
capriolo (m)	ayal hakarmel	אַיָּל הַכַּרְמֶל (ז)
daino (m)	yaχmur	יַחְמוּר (ז)
camoscio (m)	ya'el	יָעֵל (ז)
cinghiale (m)	χazir bar	חֲזִיר בָּר (ז)

balena (f)	livyatan	לִוְיָתָן (ז)
foca (f)	'kelev yam	כֶּלֶב יָם (ז)
tricheco (m)	sus yam	סוּס יָם (ז)
otaria (f)	dov yam	דֹּב יָם (ז)
delfino (m)	dolfin	דוֹלְפִין (ז)

orso (m)	dov	דֹּב (ז)
orso (m) bianco	dov 'kotev	דֹּב קוֹטֶב (ז)
panda (m)	'panda	פַּנְדָּה (נ)

scimmia (f)	kof	קוֹף (ז)
scimpanzè (m)	ʃimpanze	שִׁימְפַּנְזֶה (נ)
orango (m)	orang utan	אוֹרַנְג־אוּטָן (ז)
gorilla (f)	go'rila	גּוֹרִילָה (נ)
macaco (m)	makak	מָקָק (ז)
gibbone (m)	gibon	גִּיבּוֹן (ז)

elefante (m)	pil	פִּיל (ז)
rinoceronte (m)	karnaf	קַרְנַף (ז)
giraffa (f)	dʒi'rafa	גִּ'ירָפָה (נ)
ippopotamo (m)	hipopotam	הִיפּוֹפּוֹטָם (ז)

canguro (m)	'kenguru	קֶנְגּוּרוּ (ז)
koala (m)	ko"ala	קוֹאָלָה (ז)

mangusta (f)	nemiya	נְמִיָּה (נ)
cincillà (f)	tʃin'tʃila	צִ'ינְצִ'ילָה (נ)
moffetta (f)	bo'eʃ	בּוֹאֵשׁ (ז)
istrice (m)	darban	דַּרְבָּן (ז)

137. Animali domestici

gatta (f)	χatula	חֲתוּלָה (נ)
gatto (m)	χatul	חָתוּל (ז)
cane (m)	'kelev	כֶּלֶב (ז)

cavallo (m)	sus	סוּס (ז)
stallone (m)	sus harba'a	סוּס הַרְבָּעָה (ז)
giumenta (f)	susa	סוּסָה (נ)
mucca (f)	para	פָּרָה (נ)
toro (m)	ʃor	שׁוֹר (ז)
bue (m)	ʃor	שׁוֹר (ז)
pecora (f)	kivsa	כִּבְשָׂה (נ)
montone (m)	'ayil	אַיִל (ז)
capra (f)	ez	עֵז (נ)
caprone (m)	'tayiʃ	תַּיִשׁ (ז)
asino (m)	χamor	חֲמוֹר (ז)
mulo (m)	'pered	פֶּרֶד (ז)
porco (m)	χazir	חֲזִיר (ז)
porcellino (m)	χazarzir	חֲזַרְזִיר (ז)
coniglio (m)	arnav	אַרְנָב (ז)
gallina (f)	tarne'golet	תַּרְנְגוֹלֶת (נ)
gallo (m)	tarnegol	תַּרְנְגוֹל (ז)
anatra (f)	barvaz	בַּרְוָז (ז)
maschio (m) dell'anatra	barvaz	בַּרְוָז (ז)
oca (f)	avaz	אֲוָז (ז)
tacchino (m)	tarnegol 'hodu	תַּרְנְגוֹל הוֹדוּ (ז)
tacchina (f)	tarne'golet 'hodu	תַּרְנְגוֹלֶת הוֹדוּ (נ)
animali (m pl) domestici	χayot 'bayit	חַיּוֹת בַּיִת (נ״ר)
addomesticato (agg)	mevuyat	מְבוּיָת
addomesticare (vt)	levayet	לְבַיֵּת
allevare (vt)	lehar'bi'a	לְהַרְבִּיעַ
fattoria (f)	χava	חַוָּה (נ)
pollame (m)	ofot 'bayit	עוֹפוֹת בַּיִת (נ״ר)
bestiame (m)	bakar	בָּקָר (ז)
branco (m), mandria (f)	'eder	עֵדֶר (ז)
scuderia (f)	urva	אוּרְוָה (נ)
porcile (m)	dir χazirim	דִּיר חֲזִירִים (ז)
stalla (f)	'refet	רֶפֶת (נ)
conigliera (f)	arnaviya	אַרְנָבִיָּה (נ)
pollaio (m)	lul	לוּל (ז)

138. Uccelli

uccello (m)	tsipor	צִיפּוֹר (נ)
colombo (m), piccione (m)	yona	יוֹנָה (נ)
passero (m)	dror	דְּרוֹר (ז)
cincia (f)	yargazi	יַרְגָּזִי (ז)
gazza (f)	orev neχalim	עוֹרֵב נְחָלִים (ז)
corvo (m)	orev ʃaχor	עוֹרֵב שָׁחוֹר (ז)

cornacchia (f)	orev afor	עוֹרֵב אָפוֹר (ז)
taccola (f)	ka'ak	קָאָק (ז)
corvo (m) nero	orev hamizra	עוֹרֵב הַמִזרָע (ז)
anatra (f)	barvaz	בַּרוָז (ז)
oca (f)	avaz	אַווָז (ז)
fagiano (m)	pasyon	פַּסיוֹן (ז)
aquila (f)	'ayit	עַיִט (ז)
astore (m)	nets	נֵץ (ז)
falco (m)	baz	בַּז (ז)
grifone (m)	ozniya	עוֹזנִיָה (ז)
condor (m)	kondor	קוֹנדוֹר (ז)
cigno (m)	barbur	בַּרבּוּר (ז)
gru (f)	agur	עָגוּר (ז)
cicogna (f)	χasida	חֲסִידָה (נ)
pappagallo (m)	'tuki	תוּכִּי (ז)
colibrì (m)	ko'libri	קוֹלִיבּרִי (ז)
pavone (m)	tavas	טָווָס (ז)
struzzo (m)	bat ya'ana	בַּת יַעֲנָה (נ)
airone (m)	anafa	אֲנָפָה (נ)
fenicottero (m)	fla'mingo	פלָמִינגוֹ (ז)
pellicano (m)	saknai	שַׂקנַאי (ז)
usignolo (m)	zamir	זָמִיר (ז)
rondine (f)	snunit	סנוּנִית (נ)
tordo (m)	kiχli	קִיבלִי (ז)
tordo (m) sasello	kiχli mezamer	קִיבלִי מְזַמֵר (ז)
merlo (m)	kiχli ʃaχor	קִיבלִי שָׁחוֹר (ז)
rondone (m)	sis	סִיס (ז)
allodola (f)	efroni	עֶפרוֹנִי (ז)
quaglia (f)	slav	שׂלָיו (ז)
picchio (m)	'neker	נָקָר (ז)
cuculo (m)	kukiya	קוּקִיָה (נ)
civetta (f)	yanʃuf	יַנשׁוּף (ז)
gufo (m) reale	'oaχ	אוֹחַ (ז)
urogallo (m)	seχvi 'ya'ar	שֶׂכווִי יַעַר (ז)
fagiano (m) di monte	seχvi	שֶׂכווִי (ז)
pernice (f)	χogla	חוֹגלָה (נ)
storno (m)	zarzir	זַרזִיר (ז)
canarino (m)	ka'narit	קָנָרִית (נ)
francolino (m) di monte	seχvi haya'arot	שֶׂכווִי הַיְעָרוֹת (ז)
fringuello (m)	paroʃ	פָּרוֹשׁ (ז)
ciuffolotto (m)	admonit	אַדמוֹנִית (נ)
gabbiano (m)	ʃaχaf	שַׁחַף (ז)
albatro (m)	albatros	אַלבַּטרוֹס (ז)
pinguino (m)	pingvin	פִּינגווִין (ז)

139. Pesci. Animali marini

abramide (f)	avroma	אַבְרוֹמָה (נ)
carpa (f)	karpiyon	קַרְפְּיוֹן (ז)
perca (f)	'okunus	אוֹקוּנוּס (ז)
pesce (m) gatto	sfamnun	שְׂפַמְנוּן (ז)
luccio (m)	ze'ev 'mayim	זְאֵב מַיִם (ז)
salmone (m)	'salmon	סַלְמוֹן (ז)
storione (m)	χidkan	חִדְקָן (ז)
aringa (f)	ma'liaχ	מָלִיחַ (ז)
salmone (m)	iltit	אִילְתִּית (נ)
scombro (m)	makarel	מָקָרֵל (ז)
sogliola (f)	dag moʃe ra'benu	דַג מֹשֶׁה רַבֵּנוּ (ז)
lucioperca (f)	amnun	אַמְנוּן (ז)
merluzzo (m)	ʃibut	שִׁיבּוּט (ז)
tonno (m)	'tuna	טוּנָה (נ)
trota (f)	forel	פוֹרֵל (ז)
anguilla (f)	tslofaχ	צְלוֹפַח (ז)
torpedine (f)	trisanit	תְּרִיסָנִית (נ)
murena (f)	mo'rena	מוֹרֶנָה (נ)
piranha (f)	pi'ranya	פִּירַנְיָה (נ)
squalo (m)	kariʃ	כָּרִישׁ (ז)
delfino (m)	dolfin	דוֹלְפִין (ז)
balena (f)	livyatan	לִוְיָתָן (ז)
granchio (m)	sartan	סַרְטָן (ז)
medusa (f)	me'duza	מֶדוּזָה (נ)
polpo (m)	tamnun	תַמְנוּן (ז)
stella (f) marina	koχav yam	כּוֹכַב יָם (ז)
riccio (m) di mare	kipod yam	קִיפּוֹד יָם (ז)
cavalluccio (m) marino	suson yam	סוּסוֹן יָם (ז)
ostrica (f)	tsidpa	צִדְפָּה (נ)
gamberetto (m)	χasilon	חֲסִילוֹן (ז)
astice (m)	'lobster	לוֹבְּסְטֶר (ז)
aragosta (f)	'lobster kotsani	לוֹבְּסְטֶר קוֹצָנִי (ז)

140. Anfibi. Rettili

serpente (m)	naχaʃ	נָחָשׁ (ז)
velenoso (agg)	arsi	אַרְסִי
vipera (f)	'tsefa	צֶפַע (ז)
cobra (m)	'peten	פֶּתֶן (ז)
pitone (m)	piton	פִּיתוֹן (ז)
boa (m)	χanak	חֲנָק (ז)
biscia (f)	naχaʃ 'mayim	נְחַשׁ מַיִם (ז)

serpente (m) a sonagli	ʃfifon	שְׁפִיפוֹן (ז)
anaconda (f)	ana'konda	אֲנָקוֹנְדָה (נ)
lucertola (f)	leta'a	לְטָאָה (נ)
iguana (f)	igu"ana	אִיגוּאָנָה (נ)
varano (m)	'koaχ	כֹּחַ (ז)
salamandra (f)	sala'mandra	סָלָמַנְדְרָה (נ)
camaleonte (m)	zikit	זִיקִית (נ)
scorpione (m)	akrav	עַקְרָב (ז)
tartaruga (f)	tsav	צָב (ז)
rana (f)	tsfar'de'a	צְפַרְדֵּעַ (נ)
rospo (m)	karpada	קַרְפָּדָה (נ)
coccodrillo (m)	tanin	תַּנִּין (ז)

141. Insetti

insetto (m)	χarak	חָרָק (ז)
farfalla (f)	parpar	פַּרְפַּר (ז)
formica (f)	nemala	נְמָלָה (נ)
mosca (f)	zvuv	זְבוּב (ז)
zanzara (f)	yatuʃ	יַתּוּשׁ (ז)
scarabeo (m)	χipuʃit	חִיפּוּשִׁית (נ)
vespa (f)	tsir'a	צִרְעָה (נ)
ape (f)	dvora	דְּבוֹרָה (נ)
bombo (m)	dabur	דַּבּוּר (ז)
tafano (m)	zvuv hasus	זְבוּב הַסּוּס (ז)
ragno (m)	akaviʃ	עַכָּבִישׁ (ז)
ragnatela (f)	kurei akaviʃ	קוּרֵי עַכָּבִישׁ (ז"ר)
libellula (f)	ʃapirit	שְׁפִירִית (נ)
cavalletta (f)	χagav	חָגָב (ז)
farfalla (f) notturna	aʃ	עָשׁ (ז)
scarafaggio (m)	makak	מָקָק (ז)
zecca (f)	kartsiya	קַרְצִיָּה (נ)
pulce (f)	par'oʃ	פַּרְעוֹשׁ (ז)
moscerino (m)	yavχuʃ	יַבְחוּשׁ (ז)
locusta (f)	arbe	אַרְבֶּה (ז)
lumaca (f)	χilazon	חִלָּזוֹן (ז)
grillo (m)	tsartsar	צְרָצַר (ז)
lucciola (f)	gaχlilit	גַּחְלִילִית (נ)
coccinella (f)	parat moʃe ra'benu	פָּרַת מֹשֶׁה רַבֵּנוּ (נ)
maggiolino (m)	χipuʃit aviv	חִיפּוּשִׁית אָבִיב (נ)
sanguisuga (f)	aluka	עֲלוּקָה (נ)
bruco (m)	zaχal	זַחַל (ז)
verme (m)	to'la'at	תּוֹלַעַת (נ)
larva (f)	'deren	דֶּרֶן (ז)

Flora

142. Alberi

albero (m)	ets	עֵץ (ז)
deciduo (agg)	naʃir	נָשִׁיר
conifero (agg)	maχtani	מַחְטָנִי
sempreverde (agg)	yarok ad	יָרוֹק עַד
melo (m)	ta'puaχ	תַּפּוּחַ (ז)
pero (m)	agas	אַגָּס (ז)
ciliegio (m)	gudgedan	גּוּדְגְּדָן (ז)
amareno (m)	duvdevan	דּוּבְדְּבָן (ז)
prugno (m)	ʃezif	שְׁזִיף (ז)
betulla (f)	ʃadar	שָׁדָר (ז)
quercia (f)	alon	אַלּוֹן (ז)
tiglio (m)	'tilya	טִילְיָה (נ)
pioppo (m) tremolo	aspa	אַסְפָּה (נ)
acero (m)	'eder	אֶדֶר (ז)
abete (m)	a'ʃuaχ	אַשּׁוּחַ (ז)
pino (m)	'oren	אוֹרֶן (ז)
larice (m)	arzit	אַרְזִית (נ)
abete (m) bianco	a'ʃuaχ	אַשּׁוּחַ (ז)
cedro (m)	'erez	אֶרֶז (ז)
pioppo (m)	tsaftsefa	צַפְצָפָה (נ)
sorbo (m)	ben χuzrar	בֶּן־חוּזְרָר (ז)
salice (m)	arava	עֲרָבָה (נ)
alno (m)	alnus	אַלְנוּס (ז)
faggio (m)	aʃur	אָשׁוּר (ז)
olmo (m)	bu'kitsa	בּוּקִיצָה (נ)
frassino (m)	mela	מֵילָה (נ)
castagno (m)	armon	עַרְמוֹן (ז)
magnolia (f)	mag'nolya	מַגְנוֹלִיָה (נ)
palma (f)	'dekel	דֶּקֶל (ז)
cipresso (m)	broʃ	בְּרוֹשׁ (ז)
mangrovia (f)	mangrov	מַנְגְּרוֹב (ז)
baobab (m)	ba'obab	בָּאוֹבָּב (ז)
eucalipto (m)	eika'liptus	אֵיקָלִיפְּטוּס (ז)
sequoia (f)	sek'voya	סָקְווֹיָה (נ)

143. Arbusti

cespuglio (m)	'siaχ	שִׂיחַ (ז)
arbusto (m)	'siaχ	שִׂיחַ (ז)

vite (f)	'gefen	גֶּפֶן (ז)
vigneto (m)	'kerem	כֶּרֶם (ז)
lampone (m)	'petel	פֶּטֶל (ז)
ribes (m) nero	'siaχ dumdemaniyot ʃχorot	שִׂיחַ דֻּמְדְּמָנִיּוֹת שְׁחוֹרוֹת (ז)
ribes (m) rosso	'siaχ dumdemaniyot adumot	שִׂיחַ דֻּמְדְּמָנִיּוֹת אֲדֻמּוֹת (ז)
uva (f) spina	χazarzar	חֲזַרְזַר (ז)
acacia (f)	ʃita	שִׁיטָה (נ)
crespino (m)	berberis	בֶּרְבֵּרִיס (ז)
gelsomino (m)	yasmin	יַסְמִין (ז)
ginepro (m)	ar'ar	עַרְעָר (ז)
roseto (m)	'siaχ vradim	שִׂיחַ וְרָדִים (ז)
rosa (f) canina	'vered bar	וֶרֶד בַּר (ז)

144. Frutti. Bacche

frutto (m)	pri	פְּרִי (ז)
frutti (m pl)	perot	פֵּירוֹת (ז"ר)
mela (f)	ta'puaχ	תַּפּוּחַ (ז)
pera (f)	agas	אַגָּס (ז)
prugna (f)	ʃezif	שְׁזִיף (ז)
fragola (f)	tut sade	תּוּת שָׂדֶה (ז)
amarena (f)	duvdevan	דֻּבְדְּבָן (ז)
ciliegia (f)	gudgedan	גּוּדְגְּדָן (ז)
uva (f)	anavim	עֲנָבִים (ז"ר)
lampone (m)	'petel	פֶּטֶל (ז)
ribes (m) nero	dumdemanit ʃχora	דֻּמְדְּמָנִית שְׁחוֹרָה (נ)
ribes (m) rosso	dumdemanit aduma	דֻּמְדְּמָנִית אֲדֻמָּה (נ)
uva (f) spina	χazarzar	חֲזַרְזַר (ז)
mirtillo (m) di palude	χamutsit	חֲמוּצִית (נ)
arancia (f)	tapuz	תַּפּוּז (ז)
mandarino (m)	klemen'tina	קְלֵמֶנְטִינָה (נ)
ananas (m)	'ananas	אֲנָנָס (ז)
banana (f)	ba'nana	בַּנָנָה (נ)
dattero (m)	tamar	תָּמָר (ז)
limone (m)	limon	לִימוֹן (ז)
albicocca (f)	'miʃmeʃ	מִשְׁמֵשׁ (ז)
pesca (f)	afarsek	אֲפַרְסֵק (ז)
kiwi (m)	'kivi	קִיוִוי (ז)
pompelmo (m)	eʃkolit	אֶשְׁכּוֹלִית (נ)
bacca (f)	garger	גַּרְגֵּר (ז)
bacche (f pl)	gargerim	גַּרְגְּרִים (ז"ר)
mirtillo (m) rosso	uχmanit aduma	אֻכְמָנִית אֲדֻמָּה (נ)
fragola (f) di bosco	tut 'ya'ar	תּוּת יַעַר (ז)
mirtillo (m)	uχmanit	אֻכְמָנִית (נ)

145. Fiori. Piante

fiore (m)	'peraẋ	פֶּרַח (ז)
mazzo (m) di fiori	zer	זֵר (ז)
rosa (f)	'vered	וֶרֶד (ז)
tulipano (m)	tsivʻoni	צִבְעוֹנִי (ז)
garofano (m)	tsi'poren	צִיפּוֹרֶן (ז)
gladiolo (m)	glad'yola	גְלָדִיוֹלָה (נ)
fiordaliso (m)	dganit	דְגָנִיָה (נ)
campanella (f)	paʻamonit	פַּעֲמוֹנִית (נ)
soffione (m)	ʃinan	שִׁינָן (ז)
camomilla (f)	kamomil	קָמוֹמִיל (ז)
aloe (m)	alvai	אַלְוַי (ז)
cactus (m)	'kaktus	קַקְטוּס (ז)
ficus (m)	'fikus	פִיקוּס (ז)
giglio (m)	ʃoʃana	שׁוֹשַׁנָה (נ)
geranio (m)	ge'ranyum	גֶרָניוּם (ז)
giacinto (m)	yakinton	יָקִינְטוֹן (ז)
mimosa (f)	mi'moza	מִימוֹזָה (נ)
narciso (m)	narkis	נַרְקִיס (ז)
nasturzio (m)	'kova hanazir	כּוֹבַע הַנָזִיר (ז)
orchidea (f)	saẋlav	סַחְלָב (ז)
peonia (f)	admonit	אַדְמוֹנִית (נ)
viola (f)	sigalit	סִיגָלִית (נ)
viola (f) del pensiero	amnon vetamar	אַמְנוֹן וְתָמָר (ז)
nontiscordardimé (m)	ziẋ'rini	זִכְרִינִי (ז)
margherita (f)	marganit	מַרְגָנִית (נ)
papavero (m)	'pereg	פֶּרֶג (ז)
canapa (f)	ka'nabis	קַנָאבִּיס (ז)
menta (f)	'menta	מֶנְתָה (נ)
mughetto (m)	zivanit	זִיוָנִית (נ)
bucaneve (m)	ga'lantus	גָלָנְטוּס (ז)
ortica (f)	sirpad	סִרְפָּד (ז)
acetosa (f)	ẋumʻa	חוֹמְעָה (נ)
ninfea (f)	nufar	נוּפָר (ז)
felce (f)	ʃaraẋ	שָׁרָךְ (ז)
lichene (m)	ẋazazit	חֲזָזִית (נ)
serra (f)	ẋamama	חָמָמָה (נ)
prato (m) erboso	midʃa'a	מִדְשָׁאָה (נ)
aiuola (f)	arugat praẋim	עֲרוּגַת פְּרָחִים (נ)
pianta (f)	'tsemaẋ	צֶמַח (ז)
erba (f)	'deʃe	דֶשֶׁא (ז)
filo (m) d'erba	givʻol 'esev	גִבְעוֹל עֵשֶׂב (ז)

foglia (f)	ale	עָלֶה (ז)
petalo (m)	ale ko'teret	עָלֵה כּוֹתֶרֶת (ז)
stelo (m)	giv'ol	גִּבְעוֹל (ז)
tubero (m)	'pka'at	פְּקַעַת (נ)

germoglio (m)	'nevet	נֶבֶט (ז)
spina (f)	kots	קוֹץ (ז)

fiorire (vi)	lif'roax	לִפְרוֹחַ
appassire (vi)	linbol	לִנְבּוֹל
odore (m), profumo (m)	'reax	רֵיחַ (ז)
tagliare (~ i fiori)	ligzom	לִגְזוֹם
cogliere (vt)	liktof	לִקְטוֹף

146. Cereali, granaglie

grano (m)	tvu'a	תְּבוּאָה (נ)
cereali (m pl)	dganim	דְּגָנִים (ז"ר)
spiga (f)	ʃi'bolet	שִׁיבּוֹלֶת (נ)

frumento (m)	xita	חִיטָּה (נ)
segale (f)	ʃifon	שִׁיפוֹן (ז)
avena (f)	ʃi'bolet ʃu'al	שִׁיבּוֹלֶת שׁוּעָל (נ)
miglio (m)	'doxan	דּוֹחַן (ז)
orzo (m)	se'ora	שְׂעוֹרָה (נ)

mais (m)	'tiras	תִּירָס (ז)
riso (m)	'orez	אוֹרֶז (ז)
grano (m) saraceno	ku'semet	כּוּסֶּמֶת (נ)

pisello (m)	afuna	אֲפוּנָה (נ)
fagiolo (m)	ʃu'it	שְׁעוּעִית (נ)
soia (f)	'soya	סוֹיָה (נ)
lenticchie (f pl)	adaʃim	עֲדָשִׁים (נ"ר)
fave (f pl)	pol	פּוֹל (ז)

PAESI. NAZIONALITÀ

147. Europa occidentale

Europa (f)	ei'ropa	אֵירוֹפָּה (נ)
Unione (f) Europea	ha'ixud ha'eiro'pe'i	הָאִיחוּד הָאֵירוֹפִּי (ז)
Austria (f)	'ostriya	אוֹסְטְרִיָה (נ)
Gran Bretagna (f)	bri'tanya hagdola	בְּרִיטַנְיָה הַגְדוֹלָה (נ)
Inghilterra (f)	'angliya	אַנְגְלִיָה (נ)
Belgio (m)	'belgya	בֶּלְגִיָה (נ)
Germania (f)	ger'manya	גֶרְמַנְיָה (נ)
Paesi Bassi (m pl)	'holand	הוֹלַנְד (נ)
Olanda (f)	'holand	הוֹלַנְד (נ)
Grecia (f)	yavan	יָוָן (נ)
Danimarca (f)	'denemark	דֶנֶמַרְק (נ)
Irlanda (f)	'irland	אִירְלַנְד (נ)
Islanda (f)	'island	אִיסְלַנְד (נ)
Spagna (f)	sfarad	סְפָרַד (נ)
Italia (f)	i'talya	אִיטַלְיָה (נ)
Cipro (m)	kafrisin	קַפְרִיסִין (נ)
Malta (f)	'malta	מַלְטָה (נ)
Norvegia (f)	nor'vegya	נוֹרְבֶגִיָה (נ)
Portogallo (f)	portugal	פּוֹרְטוּגָל (נ)
Finlandia (f)	'finland	פִינְלַנְד (נ)
Francia (f)	tsarfat	צָרְפַת (נ)
Svezia (f)	'ʃvedya	שְבֶדְיָה (נ)
Svizzera (f)	'ʃvaits	שְווַיְץ (נ)
Scozia (f)	'skotland	סְקוֹטְלַנְד (נ)
Vaticano (m)	vatikan	וָתִיקָן (ז)
Liechtenstein (m)	lixtenʃtain	לִיכְטֶנְשְטַיְין (נ)
Lussemburgo (m)	luksemburg	לוּקְסֶמְבּוּרְג (נ)
Monaco (m)	mo'nako	מוֹנָקוֹ (נ)

148. Europa centrale e orientale

Albania (f)	al'banya	אַלְבַּנְיָה (נ)
Bulgaria (f)	bul'garya	בּוּלְגַרְיָה (נ)
Ungheria (f)	hun'garya	הוּנְגַרְיָה (נ)
Lettonia (f)	'latviya	לַטְבִיָה (נ)
Lituania (f)	'lita	לִיטָא (נ)
Polonia (f)	polin	פּוֹלִין (נ)

Romania (f)	ro'manya	רוֹמַניָה (נ)
Serbia (f)	'serbya	סֶרבּיָה (נ)
Slovacchia (f)	slo'vakya	סלוֹבַקיָה (נ)
Croazia (f)	kro''atya	קרוֹאָטיָה (נ)
Repubblica (f) Ceca	'tʃexya	צ'כיָה (נ)
Estonia (f)	es'tonya	אֶסטוֹניָה (נ)
Bosnia-Erzegovina (f)	'bosniya	בּוֹסניָה (נ)
Macedonia (f)	make'donya	מָקֶדוֹניָה (נ)
Slovenia (f)	slo'venya	סלוֹבֶניָה (נ)
Montenegro (m)	monte'negro	מוֹנטֶנֶגרוֹ (נ)

149. Paesi dell'ex Unione Sovietica

Azerbaigian (m)	azerbaidʒan	אָזֶרבָּייגָ'ן (נ)
Armenia (f)	ar'menya	אַרמֶניָה (נ)
Bielorussia (f)	'belarus	בֶּלָרוּס (נ)
Georgia (f)	'gruzya	גרוּזיָה (נ)
Kazakistan (m)	kazaxstan	קָזחסטָן (נ)
Kirghizistan (m)	kirgizstan	קירגיזסטָן (נ)
Moldavia (f)	mol'davya	מוֹלדָביָה (נ)
Russia (f)	'rusya	רוּסיָה (נ)
Ucraina (f)	uk'rayna	אוּקרָאִינָה (נ)
Tagikistan (m)	tadʒikistan	טָג'יקיסטָן (נ)
Turkmenistan (m)	turkmenistan	טוּרקמָניסטָן (נ)
Uzbekistan (m)	uzbekistan	אוּזבָּקיסטָן (נ)

150. Asia

Asia (f)	'asya	אָסיָה (נ)
Vietnam (m)	vyetnam	ויֶיטנָאם (נ)
India (f)	'hodu	הוֹדוּ (נ)
Israele (m)	yisra'el	יִשׂרָאֵל (נ)
Cina (f)	sin	סִין (נ)
Libano (m)	levanon	לְבָנוֹן (נ)
Mongolia (f)	mon'golya	מוֹנגוֹליָה (נ)
Malesia (f)	ma'lezya	מָלזיָה (נ)
Pakistan (m)	pakistan	פָּקיסטָן (נ)
Arabia Saudita (f)	arav hasa'udit	עֲרָב הַסְעוּדִית (נ)
Tailandia (f)	'tailand	תָאִילֶנד (נ)
Taiwan (m)	taivan	טייוָון (נ)
Turchia (f)	'turkiya	טוּרקיָה (נ)
Giappone (m)	yapan	יָפָן (נ)
Afghanistan (m)	afganistan	אָפגָניסטָן (נ)
Bangladesh (m)	bangladeʃ	בַּנגלָדָש (נ)

Italiano	Traslitterazione	Ebraico
Indonesia (f)	indo'nezya	אִינְדוֹנֶזְיָה (נ)
Giordania (f)	yarden	יַרְדֵן (נ)
Iraq (m)	irak	עִירָאק (נ)
Iran (m)	iran	אִירָן (נ)
Cambogia (f)	kam'bodya	קַמְבּוֹדְיָה (נ)
Kuwait (m)	kuveit	כֻּוֵית (נ)
Laos (m)	la'os	לָאוֹס (נ)
Birmania (f)	miyanmar	מְיַאנְמָר (נ)
Nepal (m)	nepal	נֶפָּאל (נ)
Emirati (m pl) Arabi	ixud ha'emi'royot ha'araviyot	אִיחוּד הָאֱמִירוּיוֹת הָעַרָבִיוֹת (ז)
Siria (f)	'surya	סוּרְיָה (נ)
Palestina (f)	falastin	פָּלֶסְטִין (נ)
Corea (f) del Sud	ko'rei'a hadromit	קוֹרֵיאָה הַדְרוֹמִית (נ)
Corea (f) del Nord	ko'rei'a hatsfonit	קוֹרֵיאָה הַצְפוֹנִית (נ)

151. America del Nord

Stati (m pl) Uniti d'America	artsot habrit	אַרְצוֹת הַבְּרִית (נ"ר)
Canada (m)	'kanada	קָנָדָה (נ)
Messico (m)	'meksiko	מָקְסִיקוֹ (נ)

152. America centrale e America del Sud

Argentina (f)	argen'tina	אַרְגֶנְטִינָה (נ)
Brasile (m)	brazil	בְּרָזִיל (נ)
Colombia (f)	ko'lombya	קוֹלוֹמְבִּיָה (נ)
Cuba (f)	'kuba	קוּבָּה (נ)
Cile (m)	'tʃile	צִ'ילֶה (נ)
Bolivia (f)	bo'livya	בּוֹלִיבִיָה (נ)
Venezuela (f)	venetsu"ela	וֶנֶצוּאֶלָה (נ)
Paraguay (m)	paragvai	פָּרָגוַואי (נ)
Perù (m)	peru	פֶּרוּ (נ)
Suriname (m)	surinam	סוּרִינָאם (נ)
Uruguay (m)	urugvai	אוּרוּגוַואי (נ)
Ecuador (m)	ekvador	אֶקוָודוֹר (נ)
Le Bahamas	iyey ba'hama	אִיֵי בָּהָאמָה (ז"ר)
Haiti (m)	ha"iti	הָאִיטִי (נ)
Repubblica (f) Dominicana	hare'publika hadomeni'kanit	הָרֶפּוּבְּלִיקָה הַדוֹמִינִיקָנִית (נ)
Panama (m)	pa'nama	פָּנָמָה (נ)
Giamaica (f)	dʒa'maika	גָ'מֵייקָה (נ)

153. Africa

Italiano	Traslitterazione	Ebraico
Egitto (m)	mits'rayim	מִצְרַיִם (נ)
Marocco (m)	ma'roko	מָרוֹקוֹ (נ)

Tunisia (f)	tu'nisya	טוּנִיסְיָה (נ)
Ghana (m)	'gana	גָאנָה (נ)
Zanzibar	zanzibar	זַנְזִיבָּר (נ)
Kenya (m)	'kenya	קֶנְיָה (נ)
Libia (f)	luv	לוּב (נ)
Madagascar (m)	madagaskar	מָדָגַסְקָר (ז)
Namibia (f)	na'mibya	נָמִיבְּיָה (נ)
Senegal (m)	senegal	סֶנֶגָל (נ)
Tanzania (f)	tan'zanya	טַנְזַנְיָה (נ)
Repubblica (f) Sudafricana	drom 'afrika	דרוֹם אַפְרִיקָה (נ)

154. Australia. Oceania

Australia (f)	ost'ralya	אוֹסְטְרַלְיָה (נ)
Nuova Zelanda (f)	nyu 'ziland	ניו זִילַנד (נ)
Tasmania (f)	tas'manya	טַסְמַנְיָה (נ)
Polinesia (f) Francese	poli'nezya hatsarfatit	פּוֹלִינֶזְיָה הַצָּרְפָתִית (נ)

155. Città

L'Aia	hag	הָאג (נ)
Amburgo	'hamburg	הַמבּוּרג (נ)
Amsterdam	'amsterdam	אַמסְטֶרדָם (נ)
Ankara	ankara	אַנקָרָה (נ)
Atene	a'tuna	אָתוּנָה (נ)
L'Avana	ha'vana	הַוָואנָה (נ)
Baghdad	bagdad	בַּגדָד (נ)
Bangkok	bangkok	בַּנגקוֹק (נ)
Barcellona	bartse'lona	בַּרצֶלוֹנָה (נ)
Beirut	beirut	בֵּירוּת (נ)
Berlino	berlin	בֶּרלִין (נ)
Bombay, Mumbai	bombei	בּוֹמבֵּי (נ)
Bonn	bon	בּוֹן (נ)
Bordeaux	bordo	בּוֹרדוֹ (נ)
Bratislava	bratis'lava	בּרָטִיסלָאבָה (נ)
Bruxelles	brisel	בּרִיסֶל (נ)
Bucarest	'bukareʃt	בּוּקָרֶשט (נ)
Budapest	'budapeʃt	בּוּדָפֶּשט (נ)
Il Cairo	kahir	קָהִיר (נ)
Calcutta	kol'kata	קוֹלקָטָה (נ)
Chicago	ʃi'kago	שִיקָאגוֹ (נ)
Città del Messico	'meksiko 'siti	מֶקסִיקוֹ סִיטִי (נ)
Copenaghen	kopen'hagen	קוֹפֶּנהָגֶן (נ)
Dar es Salaam	dar e salam	דָאר אָ-סַלָאם (נ)
Delhi	'delhi	דֶלהִי (נ)
Dubai	dubai	דוּבַּאי (נ)

Italiano	Pronuncia	Ebraico
Dublino	'dablin	דָּבלִין (נ)
Düsseldorf	'diseldorf	דִיסֶלדוֹרף (נ)
Firenze	fi'rentse	פִירֶנצֶה (נ)
Francoforte	'frankfurt	פרַנקפוּרט (נ)
Gerusalemme	yeruʃa'layim	יְרוּשָׁלַיִם (נ)
Ginevra	dʒe'neva	גֶ'נֶבָה (נ)
Hanoi	hanoi	הָאנוֹי (נ)
Helsinki	'helsinki	הֶלסִינקִי (נ)
Hiroshima	hiro'ʃima	הִירוֹשִׁימָה (נ)
Hong Kong	hong kong	הוֹנג קוֹנג (נ)
Istanbul	istanbul	אִיסטַנבּוּל (נ)
Kiev	'kiyev	קִייֶב (נ)
Kuala Lumpur	ku"ala lumpur	קוּאָלָה לוּמפּוּר (נ)
Lione	li'on	לִיאוֹן (נ)
Lisbona	lisbon	לִיסבּוֹן (נ)
Londra	'london	לוֹנדוֹן (נ)
Los Angeles	los 'andʒeles	לוֹס אַנגֶ'לֶס (נ)
Madrid	madrid	מַדרִיד (נ)
Marsiglia	marsei	מַרסֵיי (נ)
Miami	ma'yami	מָיאָמִי (נ)
Monaco di Baviera	'minχen	מִינכֶן (נ)
Montreal	montri'ol	מוֹנטרִיאוֹל (נ)
Mosca	'moskva	מוֹסקבָה (נ)
Nairobi	nai'robi	נַיירוֹבִּי (נ)
Napoli	'napoli	נָפוֹלִי (נ)
New York	nyu york	ניו יוֹרק (נ)
Nizza	nis	נִיס (נ)
Oslo	'oslo	אוֹסלוֹ (נ)
Ottawa	'otava	אוֹטוָוה (נ)
Parigi	pariz	פָּרִיז (נ)
Pechino	beidʒing	בֵּייגִ'ינג (נ)
Praga	prag	פּרָאג (נ)
Rio de Janeiro	'riyo de ʒa'nero	רִיוֹ דָה זָ'נֶרוֹ (נ)
Roma	'roma	רוֹמָא (נ)
San Pietroburgo	sant 'petersburg	סַנט פֶּטֶרסבּוּרג (נ)
Seoul	se'ul	סֵאוּל (נ)
Shanghai	ʃanχai	שַׁנחַאי (נ)
Sidney	'sidni	סִידנִי (נ)
Singapore	singapur	סִינגָפּוּר (נ)
Stoccolma	'stokholm	סטוֹקהוֹלם (נ)
Taipei	taipe	טַייפֶּה (נ)
Tokio	'tokyo	טוֹקיוֹ (נ)
Toronto	to'ronto	טוֹרוֹנטוֹ (נ)
Varsavia	'varʃa	וַרשָׁה (נ)
Venezia	ve'netsya	וֶנֶציָה (נ)
Vienna	'vina	וִינָה (נ)
Washington	'voʃington	ווֹשִׁינגטוֹן (נ)

www.ingramcontent.com/pod-product-compliance
Lightning Source LLC
Chambersburg PA
CBHW070600050426
42450CB00011B/2925